ソヴィエトCCCP《エスエスエスエル》の
革命と歴史

история книги

A.B.シェスタコフ 著　　安井 祥祐 訳

明窓出版

目次

前文

1、われわれの祖国

ＣＣＣＰ《エスエスエスエル》——社会主義国家である。——地球上でただ一つの社会主義国家である。これが我が祖国である。

全世界でもっとも大きな国であり、北には永久凍土があり、南では夏は暑く、みかんやレモンが茂り、お茶や綿が育つところがある。

広くて豊かな我が国は、世界で第一位の面積を占める。自然は豊かで、我が国には生活に必要なもの全てがある。ＣＣＣＰ《エスエスエスエル》のように国民が友情を持つ国は他にはない。16のソヴィエト同盟共和国は60のいろんな民族を有し、約2億人の人間が住む。

彼らはみんな一つの近しい同盟の下に統合されている。——すなわち、ソヴィエト社会主義共和国、略すれば、ＣＣＣＰ《エスエスエスエル》の名の下に。

ＣＣＣＰの全ての国民は共同の目的のために働いている。ＣＣＣＰには他の国のように資本家や地主はいない。ＣＣＣＰには人間の人間による搾取がなく、われわれみんなは自分のために働き、全社会のために働く。

我が国は、後進国からもっとも前進的な偉大な国になった。

われわれは自分の祖国を好きになり、われわれのＣＣＣＰを――社会主義の国として誇りに思う。

社会主義への道は、偉大な党――多数派党が指導してくれた。彼らはわれわれの父母を闘争に導いた。ツアーリ（訳注　ソヴィエトなどのスラヴ語圏で使用された君主の称号）、地主、資本家の権力にしばられていた時に、彼らが労働者、農民の戦いを指導したのだ。

共産主義の指導の下にわれわれは労働者、農民の権力を確立し、社会主義を打ち立てた。

我が国の国民はあらゆるＣＣＣＰへの攻撃を打ち負かした。ソヴィエト同盟はドイツのファシズムを粉砕し、日本の略奪者を打ち負かし、我が国は更に強固になった。

この本を誰に教えればよいだろう。この本はわれわれに人間がどのようにこの国に住んだか、ＣＣＣＰの国民がどのように自分たちの圧政者や敵と戦ったか、どのように我が国が社会主義の国になったかを語る。この本からわれわれはそのような人生と人々の闘いを知り得る。

これらを全て歴史という。

われわれは祖国を愛し、そのすぐれた歴史をよく知る必要がある。歴史を知る者は、今の生活をよく理解できる。その者は、われわれの国の敵とよりよく戦い、社会主義を強化するだろう。

I　大昔のわが祖国

2、大昔、どのように人は生活したか

大昔の人間の生活を、どこから知るようになったのだろう。ある日、子供たちは小川の岸で穴を掘っていたが、土の中に珍しい骨と石を発見し、学校の先生のところに持っていった。

「君らは、非常に面白いものを見つけたね」と先生が言った。

「これは昔の大きな獣の骨だよ。ずっと昔、これらの猛獣は我が国にたくさん住んでいたんだよ。今はそれらは死に絶えてしまったが、大昔に住んでいた人は石を道具として野生の生物を殺したんだ」

先生は石を棒に結びつけ、ずっしりとした大槌になったと説明した。

先生は子供たちに、ソヴィエト連邦全体にわたって学者たちが発掘にたずさわっていることや、発掘物から、古代に人間がどのように生活していたかを物語った。

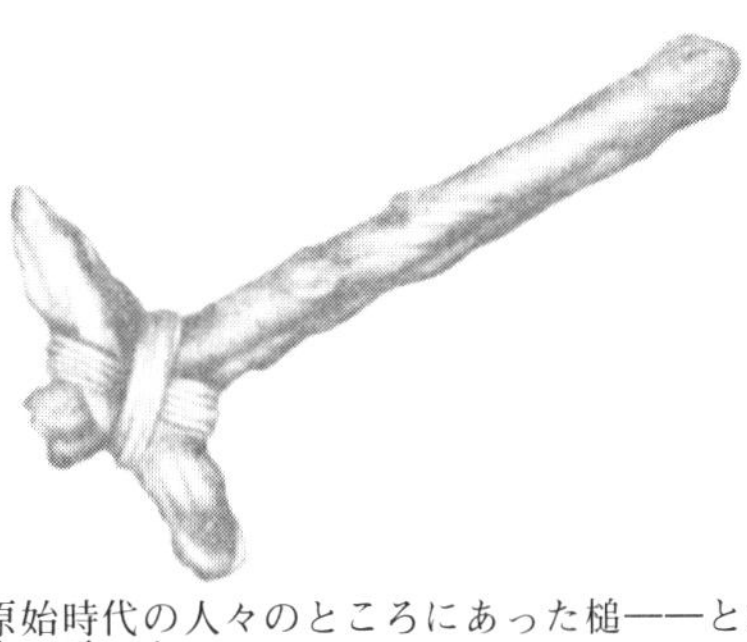

原始時代の人々のところにあった槌——と先生は言った

原始人間の生活

約50万年前は、我が国はおそらく厚い氷の層に覆われていたことだろう。ずっと何世紀もが過ぎて、次第に氷は溶けていった。氷は南から溶けだした。南の方には最初の人間が現れ出した。

彼らの生活は苦しいものだった。周りには野生の動物が徘徊していた――巨大なマンモスや熊などである。それらから隠れて、人間は洞窟や土の中に暮らしていた。人間は草の根やリンゴ、蜂蜜、また動物を殺して食べ、殺した野獣の皮を着ていた。人々は協同して狩りをし、マンモスのような強い野獣などを殺すのにも成功していた。人は獲物を共有した。

また何世紀かが過ぎた。人々は火を手に入れ、石や木、骨から道具を作り出し、弓矢を発明した。だんだん人は野生動物を飼い馴らし始め、牧畜業に従事し出した。十世紀ほどの間に人は、有用な植物を植えることを習い、農業に従事し出した。人の住居には仮小屋か木造住居、家畜の皮からとれた天幕を作ったり、また、亜麻糸から衣服を作ったりした。

長い間、人間は石や骨の道具を使っていた。何千年もたち、人は少しずつ鉱石採集に乗り出し、銅や他の金属を熔かし始めた。

ずっと昔から人々は、全てを共有していた——道具にしても狩猟した食料にしても、全ては厳しい労働生活の中で平等であった。

3、氏族から国家へ

氏族と種族

一人では大きな野獣の狩りをすることも、網で魚をとることも、耕地を作るため木を伐ることもできなかった。

だから、古代では近親者は離れて住めず、種族で一緒に住み、時には100人ぐらいが一緒に住んでいた。全ては共同であった。道具は共同で使用した。狩りにも魚捕りにも一緒に行き、土地も一緒に努力して耕した。獲物も収穫もお互いに分け合った。家畜も共有した。労働の指導は、選ばれた長老がした。共通の問題は、全種族の集会で決められた。

種族たちは、自分たちを守った。もし、よその人間が人を殺したら、親族が殺された者の報復をした。いろいろな種族の間では、場所をめぐり、つまり牧場や漁場のことでよく戦争があった。

近隣の氏族が寄り合って種族となった。種族には何千人の人がいた。一つの種族全員は同じ言葉を話し、同じ風俗を持っていた。種族には選ばれた指導者がいた。

幾世紀にもわたって氏族や種族として人は生活していた。氏族は少しずつ家族単位に分かれるようになった。家族に人が多くなり、強力になって大きな土地の区割や家畜を占有し、自分たちだけの経営を行うようになり、捕獲したものをよその人に分けなくなった。

彼らは捕虜を自分たちのために集め、自分たちのために働くことを強制した。

このような形で種族は不平等になっていった。手に入れた製品や道具を共有することと共に、私的所有制が現れ出した。

種族の内、ある人間のところでは財産がますます増え、他のところでは少なくなっていった。金持ちと貧乏人に分かれるようになったのだ。

金持ちと好戦的戦争指導者、及び有力な種族は近隣の土地に侵入し、人を捕虜として奪い、強制的に農奴とした。

種族の指導者と金持ちは、それまでよりも奴隷を多く手に入れるようになった。

多くの奴隷を集めた者は、もっと金持ちになっていった。金持ちとなった指導者は周りに分遣隊を集め、彼らを養って給与を与え、武器を準備した。指導者はこの分遣隊で新たな侵略を行った。こうした侵略の後、獲物や捕虜をたくさん集め、自分や軍役者のためにとっておいた。

奴隷だけではなく、指導者と金持ちは自分たちの種族の人間にも、自分たちのために働くように強制し、彼らの獲物の分け前を取り上げた。

このようにして、種族の中に圧政者が現れるようになり、金持ちと被圧政者、すなわち貧乏人とに分けられた。

国　家

ほんのひとにぎりの金持ちが、大勢の働く人を犠牲にし、圧迫し、搾取することで生活し始めた。指導者は家臣団の助けを借りて奴隷を多く集め、同種族人を服従させた。彼らは自分たちの種族の中で、完全なる国家のもととなるものを作り始めた。このような種族のリーダーを公、ツアーリ、ハンと呼ぶようになった。人々を服従者として所有するために、公候やハン、ツアーリは家臣団を増大させ、自分たちで裁判を行い、いろいろな罰則を制定した。そして、自分の種族だけの国家に満足せず、近隣の弱小の種族をも服従させた。このようにして、国家が形成されたのである。

4、我が国の古代国家

カフカーズと中央アジアの最初の国家

我が国の最古の国家は、コーカサスの南に起こった。これは約3000年前のことである。外コーカサスの最初の国はウラルトゥと呼ばれた。

ウラルトゥは、バンスキー湖の近くのアララト地域にある。この国のこの地域には、後にグルジヤとアルメニヤができた。ウラルトゥのツアーリのところには多くの奴隷がいて宮殿を作り、ツアーリの野原や庭園に灌漑するための運河を掘っていた。

ウラルトゥ王は、近隣諸国との戦争を絶え間なく命じていた。戦争は、非常に残酷なものだった。このことは、ウラルトゥ王の一人が奴隷を断崖より叩き落としたと書かれている碑文からも明らかである。

「6万4千人の人間を、一部は殺し、一部は追い出した」とある。

このような国々が中央アジアにあり、それが今日のウズベクタジク国、トルクメンの先祖の国々であった。その統治者もまた、いつも近隣諸国と交戦していた。

昔の外カフカースと中央アジアの国家には、多くの町があった。周りの敵から町を守るために、高い城壁が出現した。器用な職人や奴隷が、金持ちのために家や商業のための貯蔵庫を建てた。町には多くの職人が住み、活発な商業が行われた。

町の住人は文字を作り出し、読み書きを始めた。こうしてグルジヤでは２０００年前に文字が作られていた。町には初期の学者が現れ、科学や芸術を進歩させた。

古代シベリヤと東ヨーロッパに住んだ民族

南シベリヤや黒海沿岸には遊牧、牧畜の民族が多く住んでいた。そこのツアーリの指揮の下、彼らは牛馬の群と共に、良い牧草地を求めてステップを移動した。

約2500年前、これらの種族の中でも、スキタイ族が秀でており、遊牧民として威力を持っていた。スキタイのツアーリの権力の下、多くの遊牧民、及び土着の農民や農奴がいた。

2500年以上も前、黒海の北岸に、ギリシャからの移住者が小船でたどりついた。ギリシャはここで少なからぬ町を建設し、大きな商取引をスキタイ人と行った。

彼らはスキタイ人から家畜、パン、魚を買い、海を越えてギリシャまで運んだ。徐々にギリシャの町は栄え、完全な国家へと統合されるようになった。

金を持ったギリシャの支配者

商人は、自らは働かなかった。彼らのために全て奴隷が働いていたが、多くは捕虜にとられたスキタイ人であった。

2000年前には、スキタイ人は奴隷の指導者サヴマーカの指揮の下、抑圧者に対して反抗し、自分たちの手に権力を握った。しかし奴隷の叛乱は、海からやってきた外国の軍隊に制圧されてしまった。

紀元後四世紀に、ギリシャ人の町々を強大な遊牧民族であるフン族が攻め滅ぼし、町を破壊させた。五世紀、フン族の大汗（皇帝）、アッチラは黒海沿岸のステップ地帯から西ヨーロッパ人の住む国に遠征し、その多くを征服した。しかしアッチラの死後、彼の国はアジアからやってきた他の遊牧民族に襲われ、崩壊した。

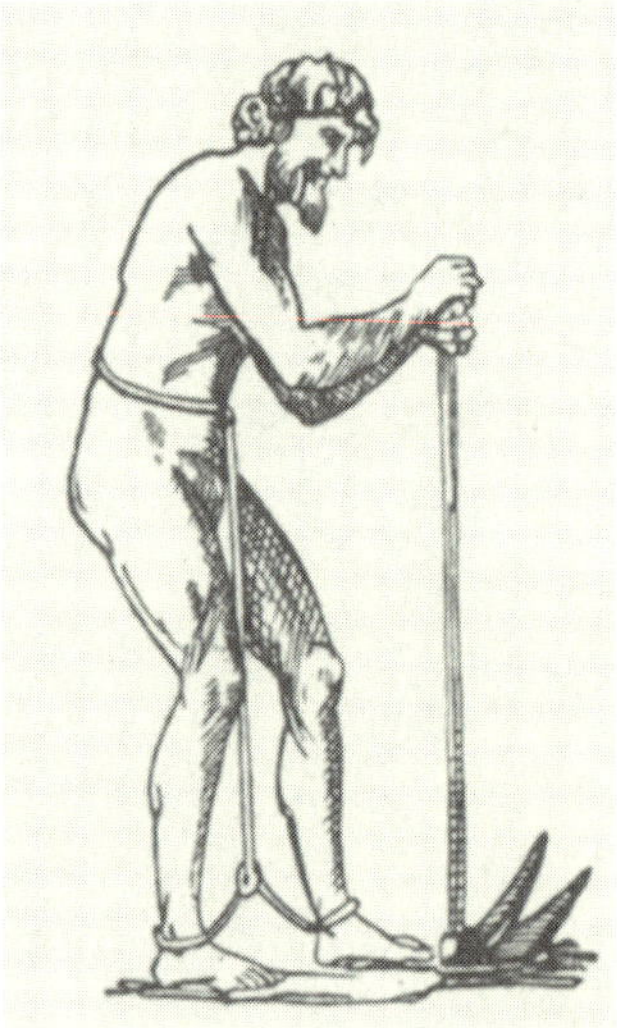

奴隷と足かせ

六世紀には、ボルガのフン族が所有する場所に遊牧民のハザールが、またボルガ河上流にボルガール国家ができ上った。ハザール、ボルガール族の近隣に住み、彼らと戦ったのはスラヴ族である。

5、スラヴ人

スラヴ人とその近隣国

１５００年前に、スラヴ族はバルチック海岸ドネープル河、ドナウ河、オカ河、ボルガ河上流の土地を占拠した。

その後東ヨーロッパに住むスラヴ人は、三つの大民族、ロシヤ、ウクライナ、白ロシヤを作った。

彼らの東の隣には、ボルガ沿いの種族、現在のフイン族、モルドバ共和国のフイン族、その他の種族の祖先がいた。更には、ボルガール族、及びハザール国家があった。南ではスラヴ族は黒海沿岸のステップの遊牧民と戦っていた。

彼らはその時代、ビザンチンのギリシャ政府の金持ちや文化人と戦っていた。ギリシャの建築家は、有名な建物、宮殿、寺院を建てた。ギリシャ人の中には作家、音楽家、画家などがいた。また、彼らは美しい絹織物、食器、金銀細工を作った。

ビザンチンにはよく装備のととのった兵士が多くいた。しかし、勇敢で雄々しいスラヴ人はしばしばギリシャの軍人となった。九世紀の半ば、彼らはギリシャ人と戦争して勝ち、ビザンチンの首都――コンスタンチノープルさえ攻撃した。

西ではスラヴ族は、ゲルマン民族とノルマン族と戦うことになった。

スラヴ人の仕事

古代のスラヴ人は、狩猟と野生蜜蜂の蜜の採集に従事していた。後に、農業が重要な仕事になった。スラヴ人は森の一部や土地を焼き、その燃えかすを肥料にし種をまく。このような方法で良好な収穫となるが、3～4年で土地は疲弊し、更に新しい森の一部を焼くことになる。ステップ地帯では土地をつるはしで柔かくし、それから種をまくが、この方法では土地は4～5年のうちに生産ができなくなる。すると、古くなった地域を棄てて、新しい土地を耕すこととなる。耕地での不完全な道具を使ったこのような労働は、氏族の共同作業を生み出した。鉄斧をとりつけた鋤ができてくると、馬に鋤をつなぐようになった。

家畜の糞は、肥料として使われるようになった。施肥され、よりよく耕された土地はより多くの収穫をもたらすようになった。

耕地の多くの部分に、家族が暮らすようになった。土地の耕作に人の団結が必要とされることはなくなっていった。一部では、個々の家族が強くなって土地を財産と考えるようになった。

氏族や種族の首長は、大きな土地の部分を占有し、耕作する農奴を大勢使い出した。これらの土地では、いろんな氏族の自由民たちが働き出した。鋤や馬を持った者はより多くの収穫を上げ、金持ちとなった。以前の平等の状態はなくなり、同じ親族間で迫害者と迫害される者、金持ちの地主と貧乏な小作人とが現れた。

九世紀頃にはスラヴ人の中に地主や金持ちのボヤール（訳注　大貴族階級）やクニャージ（訳注　封建制国家の君主）が出現し、種族の統治者が現れた。クニャージやボヤールはギリシャ人や他の近隣諸国とパン、蜜蝋などの交易を行い、とりわけクニャージやボヤールの騎士団により捕虜となった奴隷の交易が行われた。

交易は、交易路上にある強化された城塞内や大きな河の岸の大広場で行われた。

また、九世紀には多くのスラヴ人の公国ができあがった。その中心には、騎士団を持ったクニャージが住む町らしいものができた。この時代、スラヴ人のところにも町が多くでき、そのうち大きいものはキエフとノヴゴロドである。

6、キエフ公国の形成

バリヤーグ人の襲来

九世紀に入るとノヴゴロドとドネープル周辺のスラヴ人の土地に、バリヤーグ人――スカンディナヴィヤ住人――が略奪のために徒党を組んで侵入し出した。独自の騎士団を持つバリヤーグ公国は、スラヴ人から毛皮、蜂蜜、蜜蝋を奪い、人々を捕虜として連れ去った。強奪した戦利品や捕虜を、彼らは小船に乗せてバルチック海や黒海を結ぶ河や湖づたいにビザンチンのギリシャ人と売買しに出かけた。この道は「バリヤーグからギリシャへの道」と呼ばれるようになった。

バリヤーグ人はフィンランド湾をネヴァに出発し、ラドガ湖、ボルホブ河、イリメン湖を経由する。ここから小船はロヴァチ川を逆上り、ドネープル河までの乾燥した陸路を移動する。ドネープル河では川をさえぎる大きな石などがある河瀬で進行が妨げられる。ここでは荷を陸上げし、岸に沿って船や積み荷を引いていかねばならない。付近には好戦的なベチネギ人がおり、しばしばこうした状況に陥っている商人を襲う。ドネープル河からはバリヤーグ人の大型船が黒海まで運ぶ。沿岸近くを航海し、ビザンチンまで航行する。

スラヴ人は、近隣の種族と一緒になってバリヤーグ人の略奪者に反抗して立ち上がり、彼らを海の向こうへ追いやった。けれども別のバリヤーグ騎士団は、スラヴ人の土地にうまく戻って住民のスラヴ人を服従させ、貢物を徴収した。

キエフ公国の初まり

九世紀の終わり、古い言い伝えによると、ノヴゴロドでバリヤーグ人の中から君主リューリックが出現した。彼に服従したスラヴ人は、彼に朝貢した。リューリックの死後、好戦的なオレグが君主となった。彼はノヴゴロドにとどまらず、ドネープル河を下り、キエフまで達しそこを占領し、キエフをその主都とした。

十世紀の始めから、スラヴ人の公国はキエフルーシと呼ばれるようになった。オレグは、自分の権力下に多くのスラヴ族を統合し、彼らに重税を課した。そのため、あるスラヴ公国は根絶させられ、他の公国は服従した。オレグは、これらの公主と一緒になって、スラヴ人民から税金を徴収した。

バリヤーグの公主たちや騎士団は、スラヴ人より高い文化を持っていたわけではないが、まもなくスラヴ人と混血し、言語、宗教、姓名、習慣なども同化していった。

オレグ公は精力的に活動した。彼の時代に、キエフは強固になった。国境にはコチエヴ人から守るために監視要塞が作られた。伝説によると、強力な軍隊と共に船や車でビザンチン

オレグ公

に進軍したようだ。

　多くの黄金や高価な織物、酒や奴隷などである。西暦９１１年には、通商条約をオレグと結んだ。

　オレグは、キエフルーシをますます強固にした。彼は自分の勢力下に半スラヴ部族や農民を集めた。キエフルーシはビザンチンで、近隣の西欧国家から重視されるようになった。

イーゴル公

　オレグ公の死後、息子のリューリック・イーゴルが支配し出した。彼の時代には、キエフルーシの成長が続いた。イーゴルは、オレグと同様にたびたび戦った。

クニャージの巡回で住民より貢物をとる
住民は毛皮、蜜蝋、蜂蜜を持ち込む。クニャージの召使はそれを数え、無数の貢物として馬に積み込む

彼の時代にはコーカサスとビザンチンへの進撃が行われた。ギリシャ人はイーゴルに多額の賠償金を与えた。ギリシャ人との商取引で、彼はビザンチンを遊牧民の襲撃から守る義務を負っていた。

イーゴルは毎秋、住民から貢物を集め、人頭税を集めた。貢物を集めることは「人頭税」と呼ばれるようになった。公が騎士とともに到着すると、部落の住民は毛皮、蜂蜜、蜜蝋、パンを準備した。人頭税は住民にとってはとても重い賦役(税)であった。

一度、イーゴル公はスラヴ部族の同族であるドネープル右沿岸に住むドレヴ人から貢物をとった。ドレヴ人は、彼が要求するもの全てを彼に与えた。イーゴルは立ち去ったが、収穫が少ないように思われた。イーゴルは戻って、再び貢物を要求した。ドレヴ人は「狼がわれわれと親しくなったら、われわれ全員をかみ殺してしまう」と言い、イーゴル公の家臣団を撃破して、イーゴルの両足をそれぞれ、たわませた木に縛りつけ、木のたわみをゆるめると、イーゴル公は体がばらばらになってしまった。

7、オリガ公女とスビヤトスラフ公

オリガ公女

イーゴル公の死後、彼の妻のオリガが公爵領を治めた。オリガは夫を死に追いやったドレヴ人に残忍な形で復讐した。

オリガの家臣団は、ドレヴ人の主要な町を包囲した。まる一年で、彼女は軍隊で町の城壁際を取り囲み、占領してしまった。伝説によると、彼女はずるいやり方で町を占領したという。まず、ドレヴ人には比較的に軽い貢物を課す。すなわち、各農家により3匹の鳩とすずめを差し出すよう言いつけた。ドレヴ人は、その貢物には同意した。オリガの命令によって、鳩とすずめの足に脂のかたまりを塗り、それに火をつけ鳥たちを放った。鳩とすずめは自分たちの巣から飛びたって、町は一度に燃え出した。オリガの軍隊は燃えさかる町に突入し、町を守る者を大勢殺した。

オリガはドレヴ人に重い貢物を課した。その後、彼女は支配する捕虜に値を付けて、収入

クニャージとその親衛隊。——古い画家

を安定化させた。オリガはビザンチンでは国の支配についての智識をギリシャ人より得たが、同時にギリシャ人の宗教を知ることとなった。

当時のスラヴ人は、異教を信じていた。彼らは自然現象について理解せず、ただ怖れるだけだった。暴風は彼らの住居を破壊した。稲妻は家や森を焼いた。太陽はまいた種を日照りにしてしまった。人々は太陽神、風神、雷神を信仰していた。

彼らはその神を木や石の像として作り、それに生物、時には子供や捕虜をいけにえとして捧げた。このようにして彼らは、恐ろしい神々の怒りを鎮めようとした。

オリガは気に入られ、ギリシャ正教総主教は、いたるところでツアーリの権威は神聖であると説いて廻った。オリガはギリシャ正教信仰は公国の権威を強固にするために、また雑多のスラヴ部族を一つの国家に統一するために、すぐれた手段だと解した。

こうして彼女自身は、ギリシャ正教というキリスト教を信仰し、自分の息子のスヴャトスラフも同じようにするよう説得した。けれどもスヴャトスラフはこれを拒絶した。彼はスラヴ人を統一し、強力な国家を作るのは武力しかないと考えた。

スヴャトスラフ公

オリガの後、スヴャトスラフがキエフ大公となった。彼の全生涯は、行軍に明け暮れた。行軍の途中、彼は大空の下、大地に敷物を置き、頭をサドルにのせて眠った。

スヴャトスラフは、出てくるものは馬肉であれ、野獣肉であれ木炭の上で焼かれたものは何でも食べた。怖れを知らない彼は、自分から攻撃することで敵を防ぎ「貴様のところに行きましょう」と言うのが口癖だった。

スヴャトスラフは、オカ河の多くの部族を征服し、ボルガ河縁のブルガリヤ人、クバン河のチェルケスの町を略奪し、ハザール国を略奪した。

この時代からハザール帝国は存在しなくなった。キエフ公国は強固になり、ますます強くなっていった。キエフ大公の勢力下に、全黒海沿岸地域が入った。

続いてスヴャトスラフは、ドナウ河に住むブルガリヤ人と戦争を始め、彼は彼らから多くの町を奪い、キエフからドナウ河に首都を移すことを考えるようになった。ずるいビザンチンの皇帝は、スヴャトスラフによって強力になった好戦的な隣国を怖れ、当時黒海近くのステップに住んでいた遊牧民、ペチェネグ人を味方に引き入れ、キエフ大公に攻撃を加えた。

キエフのスヴャトスラフがペチェネグ人やドナウのホルガリヤ（ブルガリヤ）人を追い出した頃、彼らはスヴャトスラフに対して共同戦線を張ることを話し合った。ブルガリヤとギリシャ人との新たな戦いで、スヴャトスラフは敗北した。キエフに帰還途中、ドネープルの河瀬にはまり込んで待ち伏せた軍と合い、粉粋された。戦闘でスヴャトスラフ自身も死んだのだ。ペチェネグ人の首領は彼の頭蓋骨で盃を作り、宴会の時にその盃で酒を飲んだ。

8、キエフ大公が新しい宗教と法律を導入したこと
ヴラジーミル公の遠征

スヴャトスラフの息子、ヴラジーミルは、自分たちの兄弟との長い闘争があった後、父の例に倣って不従順な同胞の制圧のため遠征した。

彼は北で叛乱を起こした部族を鎮圧し、ボルガ河のブルガリヤ族の町を略奪した。

その後、ヴラジーミルは自分の騎士団を率いてポーランドに前進し、多くの町と戦闘を交

えた。ヴラジーミルはスラヴポーランド公国（バルチック海の西岸のスラヴ人の隣人である）、多くのリトワニヤ部族を服従させた。

ヴラジーミルの時代、このようにしてキエフ候国が強化された。ビザンチン政府は彼のことを更に重視するようになった。ヴラジーミルはギリシャ軍の叛乱を鎮圧して、ビザンチンを助けた。このような援助に報いて、ビザンチンの皇帝は自分の妹を彼に嫁入りさせた。

ヴラジーミルは、キリスト教に改宗することを決心した。ギリシャ人の宗教を取り入れ、ビザンチン皇帝と縁を結ぶことは、自分の権力を強めると思った。

キリスト教の導入

９８８年に、ヴラジーミルはキエフで、古い異教神の像を全て破壊し、キエフ人を水にほうり込んだ。ビザンチンから連れてきたギリシャ人の主教は、水の中にたたずむ民衆に祈祷を捧げた。これは洗礼と呼ばれた。

新しい宗教に対して、何度も人々は反抗したが全ての叛乱は公の騎士団により鎮圧された。

当時のキリスト教は、異教と比べてロシヤの進歩に合わせてゆっくりと進歩した。スラヴ人の中に、キリスト教と共にギリシャの文化や教育が普及していった。

ビザンチンの教師は、スラヴ人に家や寺院の建て方や装飾の仕方を教えた。ギリシャの学識ある修道士は、スラヴ語のアルファベットを作り、それをキエフ国家は利用し出した。公はギリシャの主教や修道士に金を与え、土地をあてがった。修道士はスラヴ語でギリシャ語から訳した教会本を書いた。

彼らは全て、重要なできごとを記録した。このような書き込みは夏から夏、すなわち年から年を年代記として記録するのがしきたりであった。年代記から、東スラヴとそれに隣接する国の歴史について、多くを知ることができる。この時期については、国民的な詩歌や物語、英雄叙事詩もまた、われわれに物語っている。

英雄叙事詩ブィリーナには、スラヴの勇士の勇気についてや、彼らとキエフ国家を攻撃する遊牧民との闘争について、多くの物語が記録されている。

ヤロスラフ・ムードルイ公

ヴラジーミルの死後、ヤロスラフがキエフ公となり、ムードルイ公と呼ばれた。

ヤロスラフの頃には、キエフ国家の最初の法律全書「ロシヤの法律」が編纂された。「ロシヤの法律」には、奴隷所有者や地主商人の権利をどのようにして守るかについての規則について述べられている。

9、キエフ公国での自然発生の民族的抗争
公とボヤールはどのようにキエフ公国を統治したか

キエフ公国には、大勢の騎士たちやボヤールの軍隊や従者たちがいた。公やボヤールの近親者は、公の委任を受けて町や土地を統治した。ボヤールのある者は、大土地を所有しその富で公と競い合った。

公やその軍隊、ボヤール、主教、修道士たち、彼らは全て、奴隷や農夫の農業労働という犠牲の上に生活していた。農民については、ほんの少ししか土地を持たなかったが、小さいながら家計を営み、自由で、農奴のような状態ではなかった。最初のキエフ公国時代にだけは、公の望む量の収穫物の貢物を、巡回徴貢の際に支払っていた。

キエフや他の町には、手工業者や商人、町の貧乏人が住んでいた。商人は農民や手工業者と取引し、商品を領主やボヤールや軍隊のために運んだ。

商人は、自分に隷属する手工業者を抱えていた。大きな商いをする商人は、他国と取引を行った。

自由な職人は、家や教会、橋を建て、衣服を縫い、食器や武器を作った。製鉄の溶鉱炉で

鉱石を熔かし、鉄を採取もしていた。町や村ごとに、鍛冶屋が働いていた。

町の住人は一般市民集会――民会を管理していた。民会は金持ちや名門の人から市長を選んだ。民会の同意なしには、領主は軍隊を徴兵したり戦争を始めたりすることはできなかった。このように多くの点で、民会の言い分を聞かねばならなかった。領主たちは自分の手に市に対する権力を握ろうとし、各村落で、農民に暴力を働いた。

領主とボヤールは農民を農奴にする

十一世紀には領主とボヤールは人民に相当な圧力を加え出した。彼らは自分の法律を制定し、裁判所と処罰をもうけた。こうして、ヤロスラヴムードルの時代には、有罪人をボヤールが殺害した時には80グリヴナ（または銀16キロ）をとり、農民を殺害した時は全部で5グリヴナを徴収した。

領主とボヤールは土地を取り上げ、自分の所有地にした。収奪された土地に住む農民は、領主やボヤールの耕地で橋や堡《ほう》を作ることを余儀なくされた。徐々に自由農民は、隷属する農民――すなわち農奴にさせられた。領主やボヤールのこの秩序に対し、農民は新たに反抗することで答えるようになった。

町での領主やボヤールに対する自然発生の叛乱

十一世紀及び十二世紀には、キエフ、ノヴゴロドや他の町に多くの叛乱があった。領主とボヤールは、その家臣団と共に難なくこれらの反乱を鎮圧した。それは、叛乱が自然に発生した政治意識の低いものだったからである。1113年には、キエフで領主の権力や、高利貸商や、金持ちのキエフペチェルス大修道院に反抗して、虐げられた町の人々が叛乱を起こした。農民たちも人々を支持した。当時、驚いたボヤールや商人は、ヤーロスラブ家中興のヴラジーミル・モノマフ公を急ぎ呼び出した。ヴラジーミルはこの叛乱を鎮圧した。新たな叛乱を怖れて、彼は債務の支払いを少しゆるくし、農民の状態を少しずつよくしていった。

ビザンチンやヨーロッパでは、ヴラジーミル・モノマフのことはよく知られている。この時代にしては、彼は教養ある人間であった。彼の母はビザンチン皇帝の娘であり、妹はドイツの皇帝と結婚していた。彼自身はイギリス王の娘と結婚していた。ヴラジーミル・モノマフは、キエフ公国の最後の有力な領主であった。

10、ノヴゴロドの領地
キエフ公国の分裂

十二世紀には、キエフ公国は息子や孫やヴラジーミル・モノマフの親戚の間で分裂した。

彼らの間で不断の戦争が、公国や市をめぐって行われた。この戦争で、無慈悲に農民や都市住民らを公国の自分たちの出陣に強制的に参加させるなどして搾取した。各公国で、お互いに激しく攻め合った。彼らは戦に負けた者の目を突き刺し、監獄で飢えさせて弱らせた。個々の僕《しもべ》は金持ちになり、キエフの大公から独立していった。

このようにして、十二世紀には西でキエフからガリーチヴォルニ公国、北ではロストフスズダリ及びノヴゴロド公国が富み、強大になっていった。キエフの領地は南からのコンチェック族のポロベッツ襲撃で崩壊し、十二世紀の終わりの彼らの闘争に関する物語は、古代の芸術作品（イーゴル公物語）として今日まで伝えられる。

各地の公国や、ボヤール側からの猛裂な略奪で、キエフの領土は更に崩壊した。農民たちはその暴力に力を持って抗することができず、ドネープルから遠くの国、オカ河やボルガ河の河畔のどこかへ逃げていった。キエフの商取引は落ち目になった。商人はヨーロッパよりアジアへ、キエフを通らずに迂回していった。キエフは大都市としての人気がなくなっていった。

十三世紀の初めには、キエフは荒れ果ててしまった。外国との商業でのトップの地位にノヴゴロドが踊り出した。

クニャージとその親衛隊――古い画家

ノヴゴロド領の管理

ノヴゴロドは、沿岸にドイツやスエーデンの町のある、バルチック海への通りに位置している。ノヴゴロドの商人やボヤールは、その隣人たち、ドイツ人、スェーデン人と大きな取引を行っていた。

彼らは材料、武器、その他の製品を受け取り、その代わりに毛糸や農業製品を与えた。外国と取引するのに、ノヴゴロドのボヤールや商人は、毛皮を手に入れるために北で土地を得ようと戦った。そこで、定住の猟師が獲物をたくさん提供できるようにした。

新しい都市は、このようにして大国

外国の貿易商がノヴゴロドの波止場で商品をおろす

の首都となった。そこには、１０００軒以上に上る家があった。その時代、キエフは衰退しており、ノヴゴロドのボヤール及び商人は、征服されていた民を略奪したり、外国との取引で金持ちになっていった。

ノヴゴロド領土の全てはボヤールや富裕な商人、高位の聖職者たちが管理した。彼らはノヴゴロドの住人のため一般集会、ベーチェを創設した。しかし、案件は富裕で有力なボヤールの欲するままに決定された。ベーチェで選ばれたノヴゴロドの長官、市長は大ボヤールから選ばれた。大公はノヴゴロドで自分の領域を限定されるようになった。

ボヤールと商人の政府に対して、ノヴゴロドの住民たちも近隣の村の農民も征服民も、共に反抗した。

しかし、自然発生の暴動以上のことは、この叛乱でも起こらなかった。無責任で無計画な叛乱だったので、人々はボヤールや商人たちの勢力を打ち砕くことはできなかった。

ノヴゴロド人がスェーデン人とドイツ人と戦ったこと

十三世紀の初め、スェーデン人はノヴゴロド領土を攻撃した。彼らはバルチック海とネバ河（現レニングラード）のある場所から攻撃した。ノヴゴロド人はスェーデン人をネバ河で打ち破った。スェーデン人を破るためにノヴゴロド人を指揮したアレクサンドル公は、この勝利によってネフスキーと呼ばれるようになった。

１２４２年には、ドイツの騎士団がノヴゴロド領を占領しようと試みた。彼らは十二世紀に現れ、バルチック海沿岸を容赦なく強奪し、この地に住むスラヴ人、リトワニア人、及び他の部族を駆逐した。ドイツ人はここに自らの保塁町（訳注　石・土砂・コンクリートなどで構築された陣地）を築き、ますます狂暴になった。彼らは住人に自分たちの宗教を押しつけ、自由を奪い農奴としてしまった。

強力な軍隊を持ったドイツの「畜生騎士団」は、ノヴゴロド領を攻撃し町を破壊し、ノヴゴロドを脅した。偉大なロシヤの司令官であるアレクサンドル・ネフスキーは、その軍隊を召集し、チュドフスコエ湖の氷上で決定的な戦闘をドイツ軍にいどんだ。決戦は粘り強いもので、氷は血で真っ赤になった。この氷上の激戦で、ドイツ軍は勇敢なノヴゴロドの抗争に持ちこたえられず逃げ出した。自分たちの領土の国境ぎりぎりまで、アレクサンドル・ネフスキーは敵を追っていった。このようにしてノヴゴロド軍は敵を打ち破り、ドイツの暴漢から自分たちの土地を守り通した。

11、スズダリのルス人　ロストフ／スズダリ領

古代から、ボルガ河とオカ河の間にモルダビ人、キンメーリヤ人他の部族が住んでいた。十世紀には、これらの辺境にロストフとスズダリのスラヴ人の町があった。キエフ公国の南の地域はコチェブニック人に破壊されて、そこにスラヴ人の農夫たちが領主やボヤールの圧政から逃れてやってきた。しかし、ここでも領主やボヤールが領地を奪い、住民たちに自分たちのために働くよう強制していた。

最初はロストフ／スズダリ地域はキエフ国家の注意を引かなかった。しかし、十二世紀に入り、この辺境の地に人が住むようになって、事情が変わっていった。

ヴラジーミル・モノマフの息子ユーリー・ドルゴルキーは、キエフからここに強力な騎士団とともにやってきて、ボヤールや小さな領主の所有物を取り上げ、その権力を強固にした。彼らに取られた土地の中に、モスクワの小村があった。

ユーリー・ドルゴルキーの息子アンドレイ・ボゴリユーボスキーがルス族のロストフ／スズダリをますます強固にした。彼は、ノヴゴロドとも戦い、ボルガのボルガリヤ人や、モルドバ人部族と戦った。その後、彼はキエフを奪い、おそらく、全キエフ公国の広い領土の偉大な領主となった。

住み始めた頃は、大候国に従属することはなかった。散りぢりになった小候国は、お互いに敵対し合った。

一つの強固な国というのは存在せず、富裕な所有主はおのおの、より広い土地や強い権力を得ようと努めた。侯爵たちは、お互いに絶え間のない戦争をした。打ちつづく出撃は、農民を疲弊させた。

十三世紀にモンゴル人の侵略者がロシヤの候国を攻撃した時、モンゴル人は団結した反撃を受けなかった。ヴラジーミル／スズダリ候国は小さく粉砕され、自分たちの独立を守り抜くことはできなかった。

ノヴゴロドの夕暮れ
夜になると町の職人は貴族や富裕な商人のに自分たちの要望書を提出

ヴラジーミル／スズダリ候国

アンドレイ・ボゴリユーボスキーは、クリヤジヤ河上のヴラジーミルの町をその首都にした。この時から、彼の候国はヴラジーミル／スズダリ候国と名付けられた。アンドレイ・ボゴリユーボスキーは、全地方で候やボヤールより自分の権威を高めようと努力した。

アンドレイ・ボゴリユーボスキーの独裁に不満をもったボヤールは陰謀を企て、彼を殺してしまった。アンドレイ・ボゴリユーボスキーに代わって、フセブオロッドが候爵となった。彼は服従しないボヤールから、村や土地を取り上げ彼から独立しようとした候爵を厳しく罰した。

フセブオロッドはノヴゴロドへの遠

征を数回行い、キエフでの自分の権力を拡大した。彼はヴオルガで、ブルガル人やモルドバ人と戦った。しかし、フセブオロッドは他の小候国やボヤールに、別の権威をたてるようにはしなかった。彼の死後、ヴラジーミル／スズダリ候国は小さな領国となった。それぞれの候爵やボヤールはめいめい勝手に施政をした。

Ⅲ　モンゴルの征服者の下での東ヨーロッパ

12、征服者のモンゴル人とタタール蒙古の軛《くびき》

十二世紀の蒙古族

蒙古族は、牧畜遊牧民であった。彼らは今の蒙古人民共和国のある場所に住んでいた。十二世紀には、蒙古族は汗《ハン》を長とする好戦的な大部族へと分離していった。汗には多くの家畜と牧場があった。隷属した部族は汗に貢物を支払っていた。汗たちはお互い、隣人たちと貢物や牧場をめぐって争った。

十三世紀の初め、蒙古族の汗の中から才能ある指導者、成吉思汗《ジンギスハン》がのし上がって来た。彼は、各部族よりなる巨大な軍隊を作り、東トルコ蒙古民族を自分の下に集結させた。疾風のように成吉思汗の騎馬兵は敵に立ち向かった。成吉思汗は、砦の木の柵を、中に原油を入れた素焼きの榴弾で焼いた。石壁は、大きな機械で打ち壊した。何者も、彼の強襲を止められなかった。

成吉思汗の中央アジアとコーカサスでの戦い

成吉思汗は北中国を屈服させ、その軍隊を中央アジアに移動させて戦った。

モンゴルの騎馬行進

中央アジアからカスピ海の南岸を迂回して、成吉思汗の軍隊はコーカサスに進出し、アルメニヤとグルジヤと戦った。この時代のグルジヤで、蒙古族は強い反抗にあった。この時代のグルジヤは、アルメニヤより強大な国家であった。

グルジヤは勇敢に闘ったが、蒙古軍はグルジヤを破り、グルジヤとアルメニヤに重い貢納を課した。100年間というもの、中央アジアと外コーカサス人民は、モンゴルの権力下に置かれた。

バトゥー汗と、それに対抗したロシヤの貴族

全コーカサス人民を屈服させ、1223年に蒙古軍はカルカ川でスラヴ人貴族とポロヴェッツの統合勢力を打ち破った。豊かな戦利品を得て、蒙古軍はアジアに立ち去った。

13年後、ボルガに再び蒙古軍が現れた。その頭に立ったのは、死んだ成吉思汗の孫、バトゥ

バトゥー汗

ー汗であった。今回は蒙古軍は東からロシヤを攻めた。バトゥーはボルガのブルガリヤやモルダビヤ皇室を粉砕し、その後一つずつロシヤの貴族軍を打ち破り、１２４０年にキエフを占領し、西ヨーロッパに進んだ。

チェコ人の反撃を受け、バトゥーは退却し、ボルガの下流に自分の国を作った――サライを首都とする金帳汗国である。この都市は富み、石の宮殿や庭園でできており、造幣局を備えていた。金帳汗国の汗は、征服した土地で権力を振るった。貴族たちは、それぞれの地位を保っていたが、実質的には汗に征服されていた。

蒙古タタールは、汗のために住民から貢物を集めた。貢物を集めるのに町には汗の代理大守が、特別戦闘隊と共に置かれた、貢物蒐集《しゅうしゅう》は、誰も免れることができなかった。

「お金のないものには子供を差し出せ、子供がいなければ妻を差し出せ、妻がいなければ自らを差し出せ」（すなわち捕虜になり、奴隷として売られることとなる）

このように民謡で語りつがれていた。

――貢物の蒐集者のタタール人に対してはいつも叛乱が起こり、金帳汗国の汗は貢物蒐集の仕事を、ロシヤの貴族にゆだねることにした。

このように、タタール／蒙古の軛《くびき》が始まった。

13、モスクワと最初のモスクワの貴族

今はクレムリンが立つ丘の上に、十二世紀、小さな集落のモスクワがあった。モスクワは1147年の年代記に初めて記述されている。1156年には木の棚に囲まれていた。バトゥー汗のタタール蒙古軍は、モスクワとそれを守っていた壁を焼いた。住民のある者は死に、ある者は周りの森の中に逃げた。しかし住民は次第にモスクワに集まり、土地の耕作を始めた。

十四世紀になるとモスクワは、小貴族のいる首都となっていた。モスクワはロシヤの土地の中心に位置し、モスクワの貴族はその周りの他の貴族を統合していった。モスクワは森に

12世紀のモスクワ

囲まれていたため、敵、特にタタールとの戦いを有利に進められた。便利な水路上にモスクワは位置していたので、貴族はモスクワ川に運ばれるあらゆる商品から、多額の税を集めることができた。

イワンカリータ

特に貴族イワンの時代（1328～1341）にモスクワは強くなったが、彼は銭袋という意味で「カリータ」と呼ばれていた。カリータは贈りものをしたりおべっかを使って、自分の統治者――金帳汗国の汗――の寵を得ることになり、汗のためにロシヤ全土から貢物を集めるという権利を与えられた。この貢物の一部を、カリータは自分と貴族領のために隠した。彼は蓄えた金で村落を買い、時には貴族領も買った。

イワンカリータは近隣の貴族についてタタールに密告し、彼らを攻撃するようにけしかけた。タタールは、彼の密告を受けて貴族を殺害し、その貴族領を荒廃させた。カリータはこの荒廃した貴族領を、自国のモスクワ貴族領に併合した。

汗はカリータを他のロシヤの貴族より地位高く据え、彼を「大」貴族とした。最初、カリータの貴族領は4都市のみだったが、死後、彼は息子たちに97の村や町を残していた。

こうしてカリータは、ばらばらになったロシヤの貴族領をモスクワ付近に一つの国としてまとめた。

カリータの子孫は同じように「収税人」としての地位を保った。十四世紀の終わりには、モスクワ公国はますます強くなり、カリータの子孫で司令官として抜き出ていたドミートリー公は、タタールの軛に対して、そこから脱しようと試みた。１３８０年には、ドン河のクリコボ平原でアマーエム汗が率いるタタール軍を撃破した。

クリコボ平原での勝利は歴史的に大きく認められ、ロシヤの人民を国民的な独立闘争へと団結させていき、自分の力を信じることを鼓舞し、タタールの軛の基礎をぐらぐらにさせた。

しかし2年の間にタタールは力を結集し、モスクワに攻撃をかけ占領し、少くなったが貢物をさせた。

若いモスクワ公国はその間ますます強くなり、古くからの敵である金帳汗国は弱くなっていった。しかし、モスクワ公国の西の国境では、新しく強い敵としてリトワニア国がポーランドと結んで現れてきた。

リトワニア国とモスクワとの関係

リトワニア族は、スラヴ族と近親関係にあり、西のバルチック海のそばに住んでいた。十三世紀にはリトワニア族は一人の貴族の下に統一され、十三世紀、十四世紀、白ロシヤが部分的にウクライナとロシヤの土地を奪取した。リトワニアは大国となった。十四世紀の終わりには、リトワニアはモスクワ大公国の間近に近づき、スモレンスクを占領した。

リトワニア貴族のヤーガイロは、ポーランドの女王と結婚してポーランドとリトワニアに君臨し始めた。リトワニアとポーランドの連合軍は、この二つの政府を更に強固にした。彼らは更にモスクワ大公国を圧迫し始めた。

ウクライナ、白ロシヤ、及びロシヤ人たちは、貴族たちの権力による重圧の下に、苦しい生活を強いられた。しかし、ポーランドとリトワニア略奪者の権力の下では、生活はもっと苦しくなり、全ての農民は農奴にされてしまった。

ポーランドのパン（訳注　ポーランド語で「男性の主人」の意）は、農民たちのギリシャ正教信仰を、ポーランドを支ていたカトリック信仰に変えるように強制した。歴代のポーランドパンは、特にウクライナの信仰を変えてしまった。

町ではパンたちは、ウクライナ人や白ロシヤ人が商業手工業にかかわることを許さなかった。町の全ての行政を、パンたちは自ら行った。パンたちは、全モスクワ公国を自分たちに従わせようと考えた。しかし、バルチック海沿岸に落ちついたドイツの騎士団が彼らを攻撃し始めた。

ドイツ軍は、リトワニア及びポーランドの町を強奪し、その土地を荒廃させた。ドイツ軍と戦い、同時にモスクワと戦争するには力が足りず、こうしてリトワニアはモスクワ公国と和平を締結した。ポーランド、リトワニア及びロシヤ連合軍は、グリュンバリッド村付近でドイツ軍を粉粋した（１４１０年）。ロシヤ軍、特にスモーレンスク連隊はこの決戦で有名になった。しかしこの後再び、リトワニアとポーランドがモスクワ公国への攻撃を強めた。モスクワに打ち勝つために、パンたちはタタールと同盟を結んだ。

14、タメルラン（チムール）と金帳汗国《キンチヨウカンコク》の衰微

タメルラン

まだ成熟はしていなかったが、一人の貴族に統合されたモスクワ公国が成長し、強固になりつつあった時、蒙古の国はだんだんと終わりに近づいていた。しかし、時々蒙古人の中か

らすぐれた征服者の汗が現れた。この征服者の一人が、タメルランである。

タメルランは、１３３６年に中央アジアで生まれた。彼がまだ少年の頃だったが、勇敢な盗賊の首領になり、そのまま首領としてあちらこちらを転々とした。タメルランは始め、サマルカンドの町（中央アジア）での民衆蜂起にきわだった働きをした。厳しく反乱者を懲罰し、タメルランはまもなく統治者汗となった。

タメルランは近隣国の軍隊を攻撃した。１３９５年には、金帳汗国トフタムイシヤ汗を粉砕し、このことでモスクワがタタールの軛から急速に自由になるのを助けた。タメルランは獰猛で厳しかった。一つの町を占領した後、彼は４０００人を生き埋めにした。他の都市を取った時、彼は戦いで７０００人の生首を送り届けさせ、それでやぐらを積み上げるよう命令した。

タルメランが屈服させなかった国のうち、中央アジアからすぐれた手工業の職人を送らせた。自国の首都、サマルカンドの美化に気を配り、１５０、０００人もの職人を送らせたのだ。

中央アジアのウズベキ人

１４０５年、タメルランの死後、彼と戦った国は再び自立し始めた。十五世紀には、始めは今のカザフスタンの土地に住んでいた遊牧ウズベキ人が、中央アジアで戦った。ウズベキ人は、強固に中央アジアで保強した。ウズベキの汗は、首都としてホレズムとヴハールを立てた。

Ⅳ　ロシヤ民族政府の創設

15、イワン三世時代のモスクワ政府の拡大と、タタール蒙古の軛の終わり　ノヴゴロドの併合と、タタール汗の権力からモスクワが解放される

タタールとリトワニヤ、ポーランドの王との戦闘のために、モスクワ公国はその権力を拡げた。そしてその勢力を、全ロシヤ領土で強化するよう努めた。

イワン三世は、それを成し遂げた。彼は、１４６２年には大公となった。この時代、モスクワ公国は金帳汗国の影響下にあったものの、その勢力は弱まっていた。イワンは汗に忠誠心があるものとだましていたが、こっそりと自分の影響力が増すように、またタタールに対する隷属から抜け出すように努めていた。

イワン三世は、その勢力の下、近隣国トベルスキー、リヤザン、その他の近隣諸国をモスクワ公国に統合していった。これらの公国全ては、一つの公国の影響下にまとまることには反対で、モスクワに対抗してタタールやリトワニヤと同盟を結んだ。

けれどもイワン三世は、その時代のモスクワ政権を強固にし、唯一のロシヤ民族国家にした。ノヴゴロドだけが離れて独立していた。

十五世紀の終わり、イワン三世は、ノヴゴロドと戦争を始めた。ノヴゴロドの貴族は、リ

トワニアと同盟を結んだ。しかし、それでは彼らは救われなかった。イワン三世は、ノヴゴロドの軍隊を破り、ノヴゴロドはまた、ロシア政府の一地方となった。

この時代に、金帳汗国は三つの汗国に分裂した。カザン、アストラハン、クリミヤ汗国である。そんな中、イルティッシ河畔のシベリヤ王国が抜きんできた。この分裂で、モスクワ公国は金帳汗国に勝ったのである。

強くなったロシア政府にとって、今となっては金帳汗国は恐ろしい存在ではなくなった。時宜を得て、イワン三世は金帳汗国の汗に、モスクワの権力を認めるよう迫った。それで汗はイワン三世に戦争を仕掛け、両方の軍隊はウグラ河で対峙したが、双方とも決定的な戦闘に入ろうとしなかった。そしてお互いが数ヶ月睨み合い続けるうちに、霜が降り出した。汗には馬のまぐさの用意がなく、また汗国の中で叛乱が起こっていた。汗はこのため余儀なく戻らされた。イワン三世はこのようにして「勝利者」となった。

１４８０年には、２００年も続いたタタール蒙古の軛が終わったのである。まもなく汗国は、決定的に分裂した。

イワン三世の、リトワニアとポーランドとの戦争

１５００年には、イワン三世とポーランド、リトワニヤ王との戦争が始まった。ポーランドリトワニア連合軍は、完膚なきまでに粉砕され、その総指揮官を、ロシヤ軍は捕虜にした。

王はその後、バルチック海沿岸のドイツ人騎士と同盟を結んだ。ドイツ軍は最初は成功したが、その後ロシヤ軍が攻撃に移り、ドイツ軍を破壊し土地は荒廃した。

戦争は6年で休戦し、パンから奪ったロシヤと白ロシヤの土地がイワン三世に残った。イワン三世時代に、ロシヤ国家の領土は3倍にもなった。

イワン三世 ――「全ルスの君主」

ビザンチンが1453年にトルコの手に落ちた時、イワン三世はギリシャの皇女、ソフィー・パレオログと結婚した。このことで、イワン三世は自分がビザンチン皇帝を相続する者だと語っていた。

イワン三世時代の
モスクワ政府の紋章

昔のビザンチンの紋章（双頭の鷲）を、イワン三世はモスクワ政府の紋章とした。イワンは自分のことを「全ルスの君主」と呼称した。

イワンはモスクワを猛烈に美しくした。国境からモスクワに、イタリヤの職人や技術者を呼び寄せようとした。それまで小さかったモスクワのクレムリンに、それまでモスクワでは見られなかったような建物とともに大きな石壁を建てた。クレムリン城壁と塔は、イタリヤ人により建てられたものであり、今でも生き生きとイワン三世時代のことを思い出させる。

イワンはクレムリンの宮殿に、ギリシャ皇帝風の豪華な庭園を作った。

けれどもモスクワ公国の権力の強化は、農民大衆に貴族の重圧を幅広く加えた。

16、十五世紀のモスクワ政府でどのように農民は抑圧されたか

賦役と年貢

モスクワ公国のいたるところに公爵、及び修道院の領土があった。土地の所有者の家族、使用人たちが高い塀で囲まれて暮らし、農民が離れた邸に住んでいた。

領主の庭園の四方に、村が拡がっていた。農民は低い垂れ幕や、窓や煙突のない家に住んでいた。農民は木の犂《すき》で土地を耕した。

農民が耕した土地は、農民のものでなく公爵、貴族あるいは修道院のものとなった。この土地のために、農民は領主が要求する全てをする必要があった。彼らは領主の土地を耕し、脱穀し主人のパン粉を作り、草を刈って領主の邸に運び、領主の庭や大邸宅や橋を作り、池や溝を掘った。

しかし、こうしたことだけでは公爵、貴族、修道院にとって不足だった。自分たちのために農民はいくらでも耕すが、領主には少ないように思われた。地主は、農民の耕地を没収し始めた。彼らは農民に領主の耕地でもっと働くように要求した。これらの作業は全て賦役と名付けられた。

賦役の他に、農民は自分の家で作ったパン、家畜、おんどり、卵、牛乳、バターなどを主人に渡した。このことを小作料（年貢）と呼んでいる。賦役や年貢を支払わない農民に、領主は無慈悲に罰を与え、棒で半死するまで打ち、刑務所にほうり込んだ。

農民を土地に縛りつける

農民は自分の領主から去ることはできたが、家の建屋を残し、少なくない借金を全て支払わねばならなかった。他の領主が、解放された農民を捜していることもあった。新しい領主にも、同じように土地利用の取り決めがあった。債務奴隷から逃れたい農民は、領主のいない土地に逃げるより他なかった。

しかし、そうした自由な土地はだんだん少なくなっていった。

農民が逃げてしまうと、地主にとっては耕されない分の土地は無意味になる。貴族や修道院は、あらゆる年の労役を終わった後に、他の地主のところに農民が移動することを許可し始めた。イワン三世は、１４９７年に農民がある領主から他の領主のところへ、秋が深まる聖ゲオルギーの祭日の後に、移動してもよいという法律を制定した。

このようにして、農民を領主のいる土地に固定することが強化された。領主は自分の農民を裁判にかけ、従わないと鞭打つ権利を有した。

貴族や修道院の所有の他に、イワン三世の時代には、公爵や貴族の戦争に出て褒美としてもらった士族の領地があった。出征や国境警備への褒美は、公爵より農民つきの土地を貰うことだった。土地とこの土地を耕す農民を与えられ、領主は自分と家族を養い、戦備品に馬を準備し、決まった数の軍隊を揃えねばならなかった。

公爵は、家臣に略奪した土地を分け与えた。このような土地は知行地と呼ばれ、その所有者のことを領主と呼んだ。貴族は父から息子へと土地を相続し、その所有地は世襲地（ボーチナ）またはオーチナと名付けられた。

Ⅴ　ロシヤ政府の発展

17、イワン四世とボルガ沿岸のタタールの粉砕

専制君主たるツアーリ

イワン三世の孫でイワン四世の雷帝は、早くに父を亡くした。貴族は彼の母を毒殺し、まる10年間、自分たちの手に政権を握った。

１５４７年には、17才のイワンがモスクワ政権で初めて自分を専制君主として現れ、貴族を信頼せず地主王族を頼り、自立した政府を運営した。

イワン四世は自分の権力を強化するため、またツアーリの権力を称讃するように、自分の治世では人々に本を読めるよう教育を受けさせることが大事と考えた。イワン四世はこの目的のために、西欧で発行された本の公刊を利用することにし、モスクワに印刷機を持ち込んだ。そして、本が彼の思いのままに印刷された。この印刷機の最初の印刷工は、イワン・フヨードロフであった。

カザンとアストラハンでの戦争

自分の勢力と権力を強化し、イワン四世は自分の祖父のイワン三世と、父のワシーリー三

印刷機を前にした
イワン・フヨードロフ

世のリトワニヤのスモレンスクで戦うという政策を継承した。イワン四世は、最初はボルガのタタール汗を奪い取る決心をした。

　1552年の秋、イワン四世は大きな軍勢と多くの大砲で、カザン汗国の首都、カザンを取り囲んだ。包囲は、秋が終わるまで行われた。タタールは、絶望的ではあっても勇気と粘り強さで戦った。ツアーリの指令により、カザンから川辺にいたる秘密の地下道が爆破され、町の住民は水たまりや井戸から腐敗した水を飲まなければならなかった。カザン人は、自分の町に居残り続けた。休息する間もなく、日夜彼らは、沈みゆく町で戦った。

　ツアーリは、城壁の下に地下道を作るよう命令し、火薬樽を爆破させた。激しい戦闘が、市の門や穴の空いた城壁のところで起こった。イワン四世の軍隊は――15万人に上ったが――タタールを征服した。カザンは、モスクワ政府に合併された。

カザンには、モスクワからの使用人が多く移住して来て、タタール人は町はずれの集落にのみ住むようになった。奪われた土地は、知行領主に分け与えられた。

カザンの汗国の至るところに堡塁が建てられ、そこにモスクワの軍隊が駐留した。堡塁を建てることにより、カザンの汗の全住民、タタール人、マリン人、チュバーシャ人、バシキール人の勢力をそいだ。

カザン占領後、イワン四世により
モスクワに建てられたワシーリー寺院

カザンの征服とともに、これらの民族は皆、イワン四世の勢力下に屈していった。

1556年には、イワン四世の軍隊はボルガ沿岸の町、ノガイ族のタタールの首都、アストラハンを占領した。ボルガの全沿道は、ロシアのツアーリの手に落ちた。この後、イワン四世はコーカサスの北東部を奪い、テレック川上にいくつかの堡塁を建設した。チェルケスケ人、カバルダ人の王は、イワン四世に仕え始めた。

ロシヤ政府は、一民族から多民族国家に変化した。

18、貴族への懲罰とイワン四世の戦い オプリーチニーク

ボルガ沿岸のタタールの土地を奪い、北コーカサスを強化して、イワン四世はバルチック海沿岸のドイツ人、ポーランド人、リトワニア人、及びスェーデン人と戦争を始めた。イワン四世は、バルチック海沿岸まで突破し、西ヨーロッパ人民と関係を結びたいと思った。スェーデン人とドイツ人は外国の技術者をモスクワに通さず、あらゆる力を用いてロシヤの商取引を妨害した。

最初の敗戦の後、イワンは大貴族、荘園主の背信をあばきたてた。これら背信者は、リトワニヤやポーランド人の臣従に転身した。ツアーリイワンは、貴族との厳しい戦いをして、国の統一を妨げた。多くの貴族とその支持者を罰し、他の者を遠地に流刑にし、彼らの土地を没収し、中小の地主（地主士族）に分け与えた。

イワン四世には、貴族との闘争として、これら全ての小ボスを徹底的に打ち砕く必要があ

ツアーリ・イワン雷帝（1530 ～ 1584）
ベー・バリファツオフの画から

った。このボスは貴族たちで、闘争の後には、唯一の権力として、強固にならなければならなかった。彼らとの戦いのために、イワン四世は地主から数千の特別部隊を作り、彼らのことをオプリーチニークと名付けた。

オプリーチニークは、独特で特別な姿をしていた。オプリーチニークの鞍には、犬の頭と箒が結ばれていた。これが彼の地位のしるしで、ツアーリの敵を嗅ぎ出し尾行し、裏切り者の貴族を追い出すという意味だった。

イワン四世と彼のオプリーチニークは、多くの貴族を根絶した。処分された土地は、オプリーチニークや他の地主に分けられた。このようにしてイワン雷帝は独裁政権をロシアのツアーリ国家で強化し、貴族の所有をなくしていった。彼は、カリータにより始められたばらばらになっていた王領の分国を、一つの強力な国家に仕上げた。

農民とコサック

イワン四世の時代、農民の状態は非常に悪くなった。ついには、彼の王国では聖ゲオルギー祭日でさえ、農民が自分の領主から離れることを禁止された。当時のことわざは伝える。
「おばあさん。とんだ期待はずれのゲオルギーのお祭りだ！」

農民たちは、ロシヤ公国の中心から地主やオプリーチニークの略奪や暴力から逃れるために南の辺境地帯にあったステップ地帯に逃げ、そこに入植した。逃げた多くの農民は、ドン河やドネープル河に定住した。まもなくここに移住してきた住民が増え、コサックと呼ばれるようになった。

バルチック沿岸地帯での戦争

バルチック海に出口を作るために、イワン雷帝は24年間戦った。戦争で初めのうちはロシヤの軍隊はドイツの騎士団を破り、多くの町を破壊した。しかし戦争は、ロシア国家にとって失敗に終わった。戦争にはポーランド、スェーデン、デンマークが介入した。ポーランド人、リトワニア人はバルチック沿岸を守り、雷帝が始め戦っていた白ロシヤの土地を奪い取った。スェーデン人は、フィンランド湾岸を彼から取り上げた。外国との取引のための便利な海路を再び失ったイワン雷帝は、外国との商取引を、一年に何ヶ月も凍結するという不便な白海でのみ行うようになった。この海路は、あるイギリス船長が偶然に開いたものだった。彼は、北の氷に閉ざされた海洋を越えてインドに渡りたいと思っていたが、彼の熱情は北ドビーナ河口に注ぎ込まれ、そこで後になって港町アルハンゲリスクが創設された。

シベリヤ汗国の併合

十六世紀の終わりに、モスクワ政府と西シベリヤの土地が併合された。シベリヤ王国にはタタールや他のシベリヤの民族が住んでいた。彼らを支配していたのは、クチュム汗である。ウラルの土地の金持ちの領主、商人のストロガーノフは、1581年にクチュムに対して火器をたくさん備えた、多数のコサックの傭兵部隊を派遣した。これらのコサック部隊は、エマルクの指揮の下に、弓矢を装備したクチュム汗の無数の軍隊を打ち破った。

エマルク

イワン雷帝は、自分の肩にかかっていた武具や毛皮をエマルクに、また彼のコサック兵には多くの贈りものを、褒美として与えた。けれどもクチュムはその後、エマルクの軍隊を打ち破るのに成功した。エマルク自身は、イルティッシュ河でクチュム軍の夜襲の際に、非業の死を遂げた。クチュムは再びその勢力をシベリヤ王国で復興させたが、長くは続かなかった。軍隊の司令官がモスクワから数年にわたって派遣され、遂にシベリヤ王国を屈服させた。

イワン四世時代のロシヤの領土は、何倍にも拡がった。彼の王国は世界最大の国家の一つとなり始めた。

VI　17世紀の農民戦争と被圧迫民の蜂起

19、ロシヤにおける最初の農民戦争
ツアーリ、ボリス、ゴトノフと農民戦争の始まり

１５８４年、イワン四世が死んだ。その死の直前に、腹立ちまぎれに自分の長男のこめかみを杖で打った。その長男の２人の息子が、精神薄弱のフョードルと小さなドミートリーである。精神薄弱のフョードル・イヴァーノヴィチがツアーリになった。

フョードルがツアーリであった時代には、イワン雷帝のオプリーチニークであった、ツアーリの妻の兄であるボリス・ゴドノフが支配した。幼少のドミートリーはその母と一緒にウグリチに住んでいたが、死んだかゴドノフの配下に殺された。

１５９８年には、フョードルが死に、ボリス・ゴドノフがツアーリとなった。ゴドノフ時代の農民の状態はますます悪化した。農民は貴族、ボヤール、地主からウクライナ、ドン河畔に逃れた。国では、３年間不作が続いた。恐ろしい飢饉がやってきた。農民はもみがら、猫、犬を食べ、人を食べるまでになった。

いろんな病気が蔓延し出し、道には死体が転がり、誰も葬ろうとしなかった。各地で農民が蜂起し、その迫害者である貴族と地主を襲った。騒乱が市街地でも始まった。

ロシヤを隷属化しようとするポーランド王の初めての試み

ロシヤの古い政敵、ポーランド王国は都合のよい機会——ロシヤの動乱期——に乗じよう、またロシヤの国自体を隷属化しようと決断した。この目的のために、ポーランドはイワン雷帝の息子ドミートリーがウグリチで死亡したのはうそで、ボリス・ゴドノフの手からポーランドに逃げたという噂を流した。

ポーランド人はふさわしい人物を見つけ出し、皇太子ドミートリーの姿をさせてモスクワへ、ポーランド軍と共に送り出した。この偽ドミートリーは、ボリス・ゴドノフをツアーリの王座から引きずりおろして彼の代わりにツアーリとなるはずであった。ウクライナでは、貴族に不満なコサックが、ドン河、ドネープル河流域から合流した。

ツアーリとなっていたボリス・ゴドノフはこの時期すでに死んでおり、ツアーリの軍隊は偽ドミートリーに抵抗しようとしなかった。偽ドミートリーは何の抵抗もなくモスクワに到着し、真のツアーリのように振る舞って荘厳な雰囲気の中でモスクワに入り込んだ。また、死んだドミートリーの母はボヤールたちにうまく買収され、公然と偽称者を自分の息子だと認知した。

ポーランド人は喜んだ——彼らの計画が成功し、モスクワで彼らの手先がツアーリとして君臨することになったからである。偽ドミートリーはポーランドの女のマリーナ・ムニンシュと結婚し、彼女の父に多くの土地を領地として与えた。マリーナと一緒にモスクワに行ったポーランド人は支配者層におさまり、ロシヤ人民に暴力を振るって強奪し始めた。偽ドミートリーは公然と古いロシヤの習慣を軽蔑し始めた。

ボロトニコフの軍隊に行く農兵たち

人民の中から、ポーランド人と新しいツアーリに反対した動乱が始まった。この動乱を利用したいと、貴族たちは偽ドミートリーに対抗して陰謀をめぐらし、彼を打ち負かした。偽称者の死体は亜麻くずの上で焼かれ、その灰は大砲の中につめ込まれ、偽称者がやって来た方向に向けてぶっ放された。

名門で大領主のワシーリー・シュイスキーがツアーリとなった。モスクワの赤の広場で、ボヤールルや富裕な商人でポーランド人に対抗する民衆蜂起をした側にいた人たちが、その選定を行った。

農民の隊長イワン・ボロトニコフ

シュイスキー時代にも、農民の叛乱が続いた。この時代、農民の中からエネルギッシュなイワン・ボロトニコフという指導者が現れた。ボロトニコフは、かつて一貴族の農奴であり、その貴族からの逃亡者であった。彼は、トルコやイタリヤに滞在したことがあり、多くのことを見聞していた。豊かな才能にめぐまれた指導者ボロトニコフに、農民たち、小官吏、コサックなどが群をなして集まった。南で集めた自分の軍隊と共に、ボロトニコフは1606年、貴族のツアーリであるワシーリー・シュイスキーの政権を倒し、別の「善良な」ツアーリ政権を立てるため、モスクワへ進軍した。

その道中、及び村々で蜂起した農民は、ツアーリの代官を捕らえ、貴族を駆逐してその領地を破壊し、富裕な商人の家を滅した。ボロトニコフの軍隊に、貴族の独裁とツアーリのシュイスキーに不満を感じていた中小の地主が軍隊として参加した。ボロトニコフは、モスクワを取り囲んだ。ボロトニコフに味方した地主たちは、まもなくその勝利が地主の権力を弱めることに気づいた。

モスクワの地主たちの軍隊が戦いでボロトニコフを裏切り、貴族とツアーリのシュイスキーの側に寝返ったため、ボロトニコフ軍隊は敗北を喫さなければならなかった。新たなモスクワに対する攻撃の準備をするため、ボロトニコフは手始めにカルーガ、その後にトウーラに退いた。

大軍勢と共に、シュイスキーはトーラにいるボロトニコフを包囲した。蜂起した軍隊は勇敢に自衛したが苦戦し、敗北は歴然たる事実となった。農民たちは当時、労働者階級のような協力者や指導者を持っておらず、農民自身も意識が低かった。彼らは、ツァーリと地主体制に反抗して戦ったのではなく、悪いツァーリ、悪い地主に対して「良い」ツァーリと「良い」地主を求めて戦ったのだった。

１６０７年にイワン・ボロトニコフは捕虜として捕らえられた。貴族たちは彼の目を突き刺し、その後氷面に穴を明けて水中に沈めた。負けた農民たちの状況は、もっと悪くなった。シュイスキーは新しい法例として農奴を拘束する勅令を出した。今や地主は、まる十五年間も彼のところから逃げていた農奴を捜し出し、連れ戻すことができた。叛乱はずっと続いた。

20、ポーランドの略奪者との戦い
ポーランドの略奪者と、モスクワからの彼らの放逐

ロシヤを隷属化させる初期の試みが失敗した後、ポーランド貴族パンは二度目の試みに取りかかった。彼らは、新しい偽称者を作り出そうとしていた。モスクワでは、他の人が誤って撃たれたことにより、偽ドミートリーは助っていたという噂が拡まっていた。

新しい偽ドミートリーと共に、１０、０００人の軍隊が行進した。彼は軍隊と共にモスクワ

に到着し、近郊のトゥーシナ村にシュイスキーが王座を譲るよう要求して、天幕を張った。シュイスキーは、スェーデン人に助けを求めた。

スェーデン軍は、モスクワ政府の弱さにつけ込んで、ノヴゴロドを占領した。この時代にはスモレンスクにポーランド王シグムンドとその軍隊が近づいてモスクワの軍隊の部隊を打ち負かし、スモレンスクを包囲した。敵はロシヤを滅茶苦茶に引き裂いた。

ボロトニコフの軍隊に行く農兵たち

モスクワの士族は、シュイスキーを王座から引きずり降ろし、彼を無理矢理に修道院の修道士にさせた。これと同時期に、偽ドミートリー二世も敗れた。この間、民衆の叛乱は続いた。モスクワの貴族は、反乱者を処理できなかった。

当時、モスクワの貴族は自分たちの既得権益を守るために、シュイスキーと共にポーランド王シグムンドの息子であるヴラジースラフ王子をツアーリに選んだ。「王子に仕える方が、自分の奴隷に打ちのめされるよりましだ」と貴族たちは語った。

1610年の秋、ポーランド軍は貴族たちの助けを借り、モスクワにやって来てクレムリンを占領した。ポーランドの貴族（パン）は、モスクワツアーリの財産の中から財宝を奪った。略奪者は、貴族の邸を奪い、土地を自分たちの支持者に分配し、ロシヤ人民を迫害し強奪した。

半年後の1611年、モスクワ人民はポーランドの圧制者に対して蜂起した。モスクワの街路には椅子、桶、丸太などでバリケードが作られた。その中からモスクワ人民はポーランド軍に砲火を浴びせた。家の屋根から、彼らは銃弾や石を浴びせた。ポーランド人はモスクワに火をかけ始めた。町の大半は丸焼けとなった。ポーランド軍は、クレムリンの壁を強固にした。

1611年の秋、ロシヤ人民はポーランドの略奪者に対して立ち上がった。モスクワを占領していたポーランド人に対する出撃の首領には、ニージニイノヴゴロドの長老、ユジイマミーニンがなった。彼らのところに集められた資金で、義勇軍が結成された。軍司令官にはポジャールスキー公が選ばれた。地主と戦っていた農民部隊の一部は、義勇軍に加わった。これで事態は決まった。義勇軍はモスクワに到着し、クレムリンを守っていたポーランド人を包囲した。
1612年にはクレムリンは占領され、ポーランド人はモスクワより逃走した。

多くの英雄が、ポーランドの圧政者との戦いでロシヤ人民の中から傑出した。このような英雄の一人に、農民のイワン・スサーニンがいた。ポーランド部隊は、彼を案内人にした。スサーニンは自分の生命を犠牲にして、部隊を密林に導いた。スサーニンはポーランド人に切り殺されたが、ポーランド部隊は森の中から脱出できず滅亡した。

1613年には、モスクワで地主、商人、コサックたちの選挙が行われた。彼らは貴族ロマノフ家のミハイルをツアーリに選んだ。

ポーランド軍は、奪った土地を全部清算することになったが、スモレンスクは彼らの手中に残ることになった。戦後5年たって、やっとスェーデンはロシヤにノヴゴロドを返したが、フィンランド湾沿岸のロシヤの都市は全て、スェーデンのものになった。

農民活動の壊滅

新しいツアーリは、まだ沈静化しない民衆活動に対して、情け容赦ない闘争を挑んだ。多くの農民やコサックの脱走武装部隊が、モスクワの周辺に、また全国に徘徊していた。ツァーリは、叛乱に参加した者を鎮圧するために、軍隊や軍司令官を派遣した。モスクワでは、書記が再び指令書（ツァーリ事務局）の作成に着手した。人民は以前のように、軍司令官や官吏で悩むようになった。

ツァーリミハイルは荘園主に鷹揚《おうよう》に取り分を分け与え、地主には手厚い棒給を与えた。ツァーリミハイルは、彼を選んだ地主の利益を守った。

21、十二世紀の都市住民、及び被圧制民の蜂起
都市での武装蜂起

ツァーリミハイルの死後、彼の息子のアレクセイがモスクワのツァーリとして立った。1646年に彼がしたのは、塩に重税を課したことだった。この課税は、人民の怒りを強めた。叛乱を怖れて、ツァーリアレクセイは税の廃止を命令した。

しかし事件は、この税だけにとどまらなかった。これを廃止した時には、モスクワの人民はいっせいに圧政者に対して立ち上がった。

1648年には、モスクワで人民が暴動を起こしたが、当時は人民の叛乱をフリントと呼んでいた。

人民は、ツァーリの役人や官吏の侮辱をよく覚えていた。人民はツァーリに、主だった者

ミーニンがポーランドとの戦争に人民を駆り立てる

に制裁を加えるよう要求した。

ツアーリは、叛乱軍に要求を満たすと約束した。けれども人民はその者たちを鞭で打ち、馬で踏みつけ始めた。同時に、群集は特に憎んでいた貴族やツアーリの従者の家を壊し、そのうちのある者は撃たれた。ツアーリの軍隊が、そうした叛乱を押しつぶした。

１６４８年の同じ頃には、他の町での叛乱も鎮圧された。この叛乱の後、ツアーリはモスクワで貴族、地主、商人からなる議会――全国会議を創設した。

１６４９年には、全国議会は地主から逃げた農民に関して、限りなく探し、引き戻すことができるという権利を設定した。農民たちは、遂に農奴にされた。村々や宮廷で、農民たちは完全に生まれ変わ

1649年の全国会議

ることになった。農民が隠れることはたいへんに難しくなった。手工業者や小商売人も、当時は許可証なしに一つの町から他の町へ住居を移すことは禁止されていた。

町では、手工業者はその仕事により――革工、陶工、武器職人と名付けられた免税集落に住んでいた。

このような免税集落は、大都市であるモスクワにたくさんあった。モスクワの免税集落の中のゆがんだ狭い通りに、小さい窓しかない二つ三つの小屋が建っていた。

手工業者は、劣悪な条件の下で、日銭を稼いでいた。彼らを搾取していたのは軍司令官であり、商人であった。

手工業者や町の貧民たちの暴動は、次々と起こった。特に、非常に大きな暴動が1650年にプスコフやノヴゴロドで起こった。

町の貧民たちの暴動に、農民たちが加わった。この暴動の鎮圧に、ツアーリアレクセイは大軍隊を派遣するようになった。町の貧民たちは、その後も次々と立ち上がった。

こうしてモスクワでの大叛乱が、1662年に起こった。この叛乱時に、ツアーリの軍隊はモスクワ川にて数千に及ぶ反乱者を撃ち沈めた。

同じ年に、ウラル山脈でカザンを奪取して間がないイワン四世と共に戦っていたバシキール人民が立ち上がった。バシキール人にタタール人が加わり、反乱者は一連の武器や火薬を取り出した。彼らはモスクワの軍隊と三年間戦い、ツアーリの堡塁を取り囲んだが、結局戦いに破れた。

22、ウクライナ人が、ロシヤと合併するためポーランド王の圧政から解放戦争を行う

十三世紀から十四世紀のウクライナは、ポーランド、リトワニア皇帝の軛の下にあった。

彼らは究極的には全ての農民を農奴に変えてしまった。多くのポーランドの家には、いつも絞首台が立っていた。ポーランド人は、ウクライナ国民に彼らの信仰を受け入れるように強制した。

皇帝の束縛の中で農民たちは、ポーランドでも白ロシヤでも苦悩した。農奴は皇帝からドネープル河に逃げ、そこで浅瀬の後ろに小さな砦も建て、それをザポロージェの本営地とし、自分たちのことをザポロージスキーコサックと名付けた。

コサックの別の部族は、町や移住地に住みついた。コサックは、裕福な金持ちと貧乏人に分けられた。コサックは軍隊に合流し、彼らの総司令官はコサックにより選ばれた。彼はヘトマンと呼ばれた。農民とコサックは、ポーランド皇帝の政府に対してしばしば叛乱を起こした。

1648年には、ウクライナ人民は皇帝の迫害に反対する解放戦争に立ち上がった。傑出した政府代表であり、司令官でもあったボグダン・フリメツキーが、蜂起した人民を指導した。この戦争での主な勢力は、農民であった。

ボグダン・フリメツキーの軍隊から選ばれた、乞食や修道僧に扮した人々は、ウクライナの村に行き、皇帝との闘争に加わるよう農民に呼びかけた。ウクライナ人民は白ロシヤを支持し、彼らや、また地主の圧迫を逃れたいとするポーランド農民に同情を寄せた。ロシヤ人民も、絶えざる援助と支援をウクライナ人民に示した。

農民たちは、皇帝の領地を壊滅した。皇帝の軍隊に対して多くの勝利を勝ちとったが、戦争は長引き、ウクライナ人民に大きな荒廃をもたらした。ウクライナの皇帝を破壊するのに、クリミヤの汗が助けた。

外国の搾取者から自分たちを救ったことで、ウクライナ人は大ロシヤ人民との統合を望むようになった。

ウクライナ人とロシヤの再統合

ウクライナ人民から兄弟国のロシヤと統合したい意向が表されたことで、フリメッツキーはロシヤ政府に、ウクライナがロシヤと統合するよう、申し出をするように交渉していった。

1654年、ペレヤースラウの町のラーダ——全国会議で、ウクライナ及びロシヤ人民が一つの政府に合体する旨の採択がされた。ロシヤは、ポーランド皇帝からウクライナを守るだけではなく、クリミヤ汗やトルコからも守ることができた。

ウクライナの農民たちは、皇帝の束縛から解放された。誰もウクライナ人を、違う宗教でしばれなくなった。まもなくロシヤはポーランドの皇帝軍と戦争を始めた。長い戦闘の後、ポーランドはドネープルの左岸にある全ての土地と、右岸のキエフ市を放棄せざるを得なくなった。

23、ステンカラージンの貴族と地主に対する戦争

ドン河のコサック

南で逃走した農民たち――ドン河とその支流へ――はドンコサックの大きな集落、すなわちコサック村を出現させた。

17世紀の中頃、ドン河のコサック人は地位がまちまちであった。コサックのある者は良い土地を奪い、経済を整えて取引をし裕福となり、やりくり上手であった。他の者は窮乏し、貧民のままに残った。貧民は金持ちとなったコサックの小作人になったり、略奪で生活をするようになった。ツアーリの軍隊は逃亡した農民を捕らえ、地主へ戻した。

貧民の、モスクワ地主に対する大きな憎しみがくすぶっていた。コサックのステパン・チイモフェーヴィッチ・ラージンが、貧民たちを叛乱へとかりたてた。

ラージンと彼の貴族と地主との闘争

その頃、モスクワ政府にいた一人の外国人は、「彼の姿は立派で、その態度は高潔で顔の表情は誇りに満ち、背が高く、顔には少しあばたがあった。彼は不安や愛を吹き込む能力を持

っていた」とラージンについて書いた。
ステパンは、自分の周りに多くの貧民を集めた。彼はアタマンに選ばれ総司令官となった。ラージンに、多くのコサックやツアーリの軍司令官や、地主に恨みを抱いた人たちが合流した。

1670年の春、7000人の人たちとラージンは、ボルガ河上にあるツアーリチン（訳注　現在のボルゴグラード）を攻撃し占領した。ここではツアーリの軍隊——銃士隊が彼の側に寝返った。その後、ラージンはアストラハンに進攻し2日間包囲した後、そこを占領した。金持ちの商人、貴族、ツアーリのコサック司令官は殺された。ラージンは鐘楼からアストラハンの軍司令官を投げ落とした。アストラハンではラージンは味方の司令官をコサックの中から決めた。

アストラハンで奪った装備品と共に、ラージンはボルガ河を逆上っていった。彼は町を占領し、ツアーリの軍司令官や支配者をやっつけた。ラージンから農民へ代表が送られ、彼らに叛乱側に加わるよう呼びかけた。

ラージンの呼びかけで農民たちは叛乱を起こし、自分たちの地主を殺し、邸を焼き、ラージンの軍隊と合流するため大部隊を組織した。ボルガ沿岸の人民、チュバシ人、タタール人、モルドバ人、マリ人は、ロシヤの農民と一緒になって攻撃に加わった。彼らが異なる言葉で

ステパン・チイモフェーヴィッチ・ラージンの処刑

話していたことは、障害にならなかった。ツアーリや地主に対する憎悪が、彼らを一つの家族のようにつなぎ合わせた。

農民運動の敗退とラージンの死

ツアーリと地主は軍隊、連隊に外国人傭兵を召集し、ラージンに対決させた。ラージンが、こうした装備のすぐれた勢力に打ち勝つことは難しかった。

シンビルスキーで、彼は戦闘した。ラージンと傷ついた彼の軍隊は敗れた。小数の軍隊と共にドン河に逃げるのに成功したが、そこの富裕なコサックはラージンを捕らえ、ツアーリに引き渡した。ツアーリはラージンを「苛酷な死刑」に処することに決めた。

1671年に、ステパン・ラージンはモスクワで処刑された。ツアーリアレクセイは、叛乱を起こした農民たちを冷酷に屈服させた。数千の反乱者は切り殺されたり、鞭打たれたり、絞首刑に処せられた。農民たちの暴力活動は、粉砕された。

ラージンが蜂起した時、組織化されたボロトニコフの叛乱の時のような、労働者階級の頼りになる同輩が農民にはいなかった。また、叛乱の本質を理解していなかった。地主の邸を焼いたり破壊したりすることはできたが、どこへ問題を落ちつけるかという新しい考え方を打ち立てることが必要であったが、このことを彼らは理解できなかったのだ。

24、東シベリヤの人々の隷属化

東シベリヤの征服

コサックの部隊は、シベリヤへ向けて川沿いを進んだ。一つの川から他の川の陸では、ボートを道沿いに引きずりながら進んでいった。コサックのセミヨン・デジヨフは、小部隊の首領として初めてアジアとアメリカの間の海峡にまで押し入り、その部分をアジアの最東端(デジヨフ岬)と名付けた。

シベリヤの奥地に、コサックに続いてモスクワの軍隊が進み、再び作られた町に住みつき、そこからコサックの軍隊を指揮した。土地の住人に勝つために、火器がコサックを助けたが、

17世紀、ロシア人により建てられたヤクーツクの堡塁

その方法をシベリヤの人民は知らなかった。

東シベリヤがロシヤのツアーリの権力に隷属するのに約100年かかった。17世紀終わりには、この権力の下に、ほとんど全てのシベリヤは屈していた。ハカシヤ、オイラート、ブリヤート——モンゴル、エヴエンヤクートはロシヤのツアーリに貢物のヤサークを納め始めた。

シベリヤ人民への迫害

全シベリヤにわたって、小さな木の要塞が建てられた。そこには軍隊と司令部が置かれた。司令部は要塞で、その地の人々からヤサークを集めていた。

司令部は、土地の人々に要塞の近くで土地を耕作することや、集められたパンでその地の部隊を養うことを強制した。ロシヤの農民をシベリヤへ強制的に移住させたり、あるいはいろいろな納税義務を免除して、農民を誘い込んだ。

土地の小貴族の歓心を得て、彼らの助けを借りて土着の人々から収奪するのがたやすくなるように買収した。司令部は、しばしば土着の人々を中央アジアに奴隷として売った。司令部は、新しい民族との交戦に、コサックを送った。コサックのハバロフは、自分の部下とともに1651年にアムール河にまで到着した。その進攻で、彼は抵抗する村落全てを焼き打ちにした。住民は森の中に四散した。

ツアーリの司令部と軍隊と共に、ロシヤの商人、神父、修道僧が続いていった。商人はシベリヤの人々にウォッカを飲ませ、酔っぱらった状態の彼らから高価な毛皮を二足三文で買い上げた。神父や修道僧は、住民の土地を奪い、寺院を建て、土着の人々にキリスト教に改宗して贈りものをするように強いた。

ツアーリ政府の権力は、シベリヤで征服した人々に重い軛を置いた。彼らは何度も叛乱を起こした暴漢を殺害し、要塞や町を焼き打ちした。司令部や商人は新しい戦力を集め、叛乱者を無慈悲に平定した。

25、十七世紀末の、ロシヤの政府による経済と運営

領主の経済

農民の叛乱を鎮圧して、地主たちは農奴に対する圧迫をますます強化した。彼らは農民に年貢を貨幣で支払うよう要求した。この他、穀物、粉、バター、卵、めんどり、山羊、ラシャ、

麻布などを農民から取り上げた。

地主は多くのものを、自身で食い尽くしたが、また多くのものを他所で売った。たくさんの荷車に乗せて、地主の住居から町の市場に、穀物、亜麻、脂肪、皮などを運んだ。商品の一部は国内で売られたが、一部は外国に輸出された。地主は、農業ができるだけ多くの収入が得られるような便宜を与えられた。こうして地主は、農民から略奪することで金持ちとなった。

工業と商業

十七世紀末のロシヤでの製造所や工場の数は少なかった。

これらはロシヤで始めて出現したばかりだった。ツアーリアレキセイの時代には大砲工場が拡がり、そこでは親方が大砲や寺院の鐘を鋳造した。カシーラ市やトウーラ市では、製鉄や武器製造所が稼働していた。国には小規模の鉱山や作業場があり、そこでは職人の親方や農奴が働いていた。

技能者である職人の親方は、外国から呼び寄せられた。

冶金製造所では、鉱石を熔かす小さな溶鉱炉の大槌やふいごが、水の動きによって製産された。水がといに沿って流れ、水車の製粉所のように車が回転した。車輪にはふいごを吹くメカニズムがあり、大槌をふりおろした。

水力による工場

製造所の全建物は木造であった。大砲製造所の他に、モスクワではたった一つの石造りの工場があった。要塞の織師がツアーリの宮廷のために手織り布を作っていた。マヌファクチャーである。

ボルガ河沿いにはカリ（訳注　炭酸カルシウム）製造所があり、北部とウラルには製塩所があった。

ロシヤでは商業が、ウクライナとシベリヤの奪取により再統合されると共に盛んになった。商業は全国にわたって行われるようになった。商品が、夏には河に沿って平底船で、冬にはそりで長い距離を運ばれた。

多くのイギリス、及びオランダの汽船が国外より外国製品を輸入し、ロシヤからはアルハンゲリスクの森を越えて木材、毛皮、皮革、カリ、松ヤニ、穀粒、蜜蝋、蜂蜜、イクラを輸出した。毎年ロシヤは外国へ、15百万金ルーブルにも上る商品を輸出していた。

オランダ人やイギリス人は、ロシヤの全貿易を独占したいと思っていた。自分たちの商業で自主権を確立するためには、ロシヤは自分たちの船団を持ち、多くの月、凍結するアルハンゲリスクよりもっと便利な海港を持つ必要があった。このような港は、黒海とバルチック海にあったが、黒海は当時クリミヤ汗国とトルコの手中にあり、バルチック海の沿岸はスェーデンに奪われていた。

マスケット銃を持ったロシアの外国人傭兵

政府による管理

ロシヤでは全てのことをツアーリ、すなわち専制君主が支配していた。彼はモスクワのクレムリンに住んでいた。ツアーリには助言者――貴族で時々彼らをツアーリは召集していた。貴族の枢密は、ツアーリ時代には貴族院議院と呼ばれていた。全ての問題について、ツアーリは自分の判断で決めていたが、大事なことは貴族の助言を得ていた。

ツアーリは、政府をその事務局を通じて管理したが、事務局は行政府で決められた。行政府で長官となったのは、ツアーリの指名による貴族だった。任命には書記官や副書記官が立ち合った。彼らは記録を作り、嘆願書を受け取った。政府は、数ヶ所の大きな郡に分割された。郡は軍隊により管理されていた。

常駐の軍隊――銃士隊や武人――などの他に、ツアーリアレクセイはよく整備した外国人の傭兵隊を呼び込んだ。貴族院と行政府は、あまりうまく機能しなかった。全政府の管理機構は、決定的な改革を必要とした。

26、十七世紀におけるロシヤの文化

当時の、全てのロシヤにおける生活のシステムは古くさかったが、特に悪かったのは読み書きについてであった。この大きな国の住民は、ほとんどがずっと文盲であった。国の首都のモスクワでさえ、学校も、教養ある人も、非常に少なかった。

モスクワでは、外国に滞在したことのある地主から、個々に教養ある人が現れた。彼らは西ヨーロッパの富豪が暮らしたように生活し、外国語をよく知っており、科学書を好んで読んだ。こういう人はあまりいなかった。その外国との関係については、貴族もツアーリの官

吏も、斜めから見ていた。

ツアーリも、彼に近い貴族も、外国の医師、ドクトルに治療を受けた。当時、ロシヤの医師はいなかった。人々は呪術で治療した。彼らは祈祷や呪文、水で治療し、病人を火でいぶし、いろいろな浸酒を飲ませたが、その結果多くの病人が死んだ。

その頃には、劇場はなかった。ツアーリアレクセイ一人のために最初の劇場が建てられ、そこでの出し物は時に一日中続いた。だが夕方になると、ツアーリは風呂に行き「罪」を洗い流した。劇を見ることは罪だと考えられていたからである。

神父は人々に、ツアーリや貴族や地主の言うことを聞くようにと教えた。「神からの全権を――神父は言う――神は耐えつつあなたがたに命じる」教会の教えを認めない者、あるいは許されない本を読んだ者は罰を受け、時には焼き殺された。


貴族と商人は豊かなあごひげをつけ、長いカフタンを着ていた。貴族や騎士や富裕な商人と生活する女性は、ぴっちり織ったモスリンで顔を覆っていた。彼女らは他の男性と逢ったり、話したりするのは許されなかった。一般人は、自分たちの圧迫者のもつこのような習慣を守る必要はなかった。都市住民、手工業者、農奴のところでは女性はもっと自由であった。

ツアーリや地主は、教会の助けによってロシヤの人民を暗闇に留め無教養にしていた。

ロシヤはまじめな改革を必要としていた。そうでないとロシヤは非文化的、旧式の国家とのままで、独立を守れなかっただろう。ロシヤの地主、商人の政府を初めて改革し強化するツアーリとして、ピョートル一世が出現した。

Ⅶ　十八世紀のロシヤ――地主と商人の帝国

27、ピョートル一世の戦争と人民の蜂起

トルコとの戦争とピョートル一世の外国旅行

十七世紀の終わりには、アレクセイの息子――ピョートル一世がロシヤのツアーリとなった。ツアーリに慣れてくるに従って、賢明で活動的な若いツアーリは、まもなく新しい秩序を導入した。彼は貴族議会を重視することをやめ、モスクワに住む外国人と仲良くし出した。彼は外国人を自分に仕えるよう誘い込み、銃士隊を旧式なものとして退け、新しい軍隊に外国様式を導入した。

１６９５年には、ピョートルは黒海への道をつけるためにトルコと戦争を始めた。彼はドン河に、29隻の軍艦と軍隊からなり、外国人が訓練する船隊を作ってアゾフのトルコの要塞を攻撃し始め、占領した。この戦争の時、ピョートルは国の全生活を改造し、ヨーロッパ人の軍事、海事について見習う必要を確信した。

ピョートルは、外国へ出かけた。西ヨーロッパではこの時代の先進的な国はオランダとイギリスであった。オランダでは彼は手に斧を持ち、軍艦造船所で働いた。イギリスでは彼は

ピョートル一世（1672 ～ 1725）

軍艦について完璧に勉強した。約2年間、ピョートルは外国に滞在し多くのことを習った。

ロシヤではピョートルにより導入された新しい秩序に不満な銃士隊員が旧秩序に戻ることを要求する叛乱を起こし始めた。これは、反動的な叛乱であった。ピョートルは外国より帰り、ロシヤを以前に引き戻そうと蜂起した銃士隊を懲罰するのを指導した。銃士隊は解体された。

スェーデン軍との戦争開始

１７００年にピョートル一世は、バルチック海沿岸でスェーデン軍と戦闘を開始した。スェーデン人は世界で最強の軍隊と優秀な艦船を有していた。この時代のスェーデン王は、カール十二世であった。カールはスェーデンのナルバで堡塁を囲んでいた。ピョートルの軍を打ち、完膚なきまで粉砕し、多くの大砲や捕虜を奪った。

しかしながら、ピョートルは失望しなかった。

彼は教会にある鐘を取りはずし、それらを大砲に鋳造するよう命令した。砲兵や教師にするために、250人の若者に読み書きと数学の基礎を学ばせるようにした。農奴の中からも新しい軍隊に召集され、軍事訓練をほどこされた。

軍隊を支えるには、多額の金が必要となった。ピョートルは風呂場や風車小屋、宿屋や死人の棺にさえ租税を課し、塩の価格を倍にした。農民の地主からの逃亡に、ピョートルは厳しい罰を課すことにした。彼はドン河上流の、逃亡した農民の全移住地を破壊するよう命令した。騎兵のためにバシキール人から馬を取り上げた。

1703年には、ピョートルはネバ河の沼の多い河口を確保し、ここに要塞と町、ペテルブルグ（訳注　現在のサンクトペテルブルグ）を建てたが、ペテルブルグはピョートル時代に国の首都となった。要塞と町の建設のために、ピョートルは全ロシヤから多くの農奴を移住させた。彼ら数千人はここで、飢餓や病気のため死んだ。人々はこの苦しみに、叛乱を起こすことで応えた。

ピョートル一世の正規軍の兵士

人民の叛乱

ピョートル一世時代に、バシキール人、タタール人、カザーク人、ウドムルト人が叛乱を起こした。1707年には、ドン河でコサックと農民が蜂起した。叛乱の頭目には、コンラット・アファナーシェヴィッチ、ヴラーヴィンがなった。

叛乱軍は、町を次々と占領していった。ピョートルは、ヴラーヴィンに対して全軍を派遣した。この時、富裕なコサックは陰謀をはかり、ヴラーヴィンの住む独立農家を襲った。アタマンは最後の銃弾まで打ちまくった。自分自身を敵の手に渡すことを望まず、ヴラーヴィンは最後の弾丸を自分に向けて放った。

ヴラーヴィンの最期

叛乱者は、ピョートルの軍隊と2年間戦った。ドン河の叛乱農民の村落は焼かれ、捕らえられた叛乱者は恐らく全員処刑されたであろう。多くの逃亡叛徒は地主の下に送り返された。

ヴラーヴィンの敗北の原因は、前述の農民やコサックの叛乱と同じであった。

人民の叛乱を鎮圧して、ピョートルは全勢力をスェーデンとの戦闘に集中できた。

28、スェーデンと東の国とのピョートルの戦争

スェーデンの壊滅

スェーデンのカール十二世は、ウクライナのヘトマン・マゼッパのポーランドにわたる裏切りを利用して、その軍隊をウクライナに侵攻した。

1709年、ポルタヴァ近くでスェーデン軍とロシア軍は対戦した。スェーデン軍はロシヤの正規軍に敗れた。この会戦では、特にピョートル一世自身が特に抜きん出ていた。

カール十二世とマゼッパはトルコに逃げた。カールは、トルコがロシヤと戦争を始めるよう説得した。そこで、トルコとの戦争が再び始まった。

ピョートルはトルコに対して、4000の軍隊を動員した。トルコ自体は、これよりも5倍もの軍隊を集めた。プルート河でピョートルの軍は取り囲まれた。結果として、トルコと不利益な和平条約を結び、彼らにアゾフの要塞を返還することになった。

トルコとの戦役の不首尾の後、ピョートルはスェーデンの息を決定的に止めるため、またロシヤのためにバルチック海沿岸を堅固にすることを決定した。彼はスェーデンからリガ、レーベリ（訳注　現在のタリン）を奪取し、強力な艦隊を建造した。海戦で、スェーデン艦

隊は敗れた。

スェーデンとの戦争は長く、21年も続いた。

終局的にはスェーデンは平和条約に署名し、それに従ってロシヤにスェーデンからリガ湾とフィンランド湾を引き離した。

ピョートルのカスピ海沿岸での戦い

ピョートル一世は、東方、すなわち中央アジアやインド、イランへの道に通じるカスピ海沿岸を強化することを同時に決定した。彼は、8万人に上る人間を集め、アストラハンからイランの領土出撃のため彼らを移動させた。ピョートルは、イランの支配下にあるグルジヤの大貴族や、イランの統治者のシャーとの戦争になる場合、助けてくれることになるアルメニヤの商人と、前もって話し合った。

陸上以外にも、ピョートルは船団の軍隊を派遣した。これら軍隊は、カスピ海沿岸の町に上陸し、それぞれを占領した。ピョートルは、デルベントとバクーの町を奪取した。

ピョートルに占領されたアゼルバイジャンには、ピョートルの進軍までの200～300年間、当時のイランのツアーリに手なずけられていた人民が住んでいた。

アゼルバイジャン人は、ずっとその独立のためイランの侵略者と戦い、その迫害とも戦っていた。このため、昔からのアゼルバイジャンの住民は、ピョートルの軍隊に対して真剣なレジスタンスを行わなかった。

29、ピョートル一世の改革

改革と国家による管理

ピョートル一世は、自分の目的を達成した。バルチック海の沿岸はロシヤの手におちた。ロシヤはヨーロッパに近くなった。ピョートルは絶え間なくロシヤの後進性と戦い、ヨーロッパ風に秩序を変えようとした。

ピョートルは貴族院と共に、彼らの顔つきで決められる参議院を設定した。50の官庁と一緒に、陸軍、海軍、外務、経済、司法を統轄する12の委員会を設立した。参議院及び委員会では、士族が全ての事柄を管理した。

ピョートルは、全ロシヤを8つの州に分けた。彼は辺境を管理する兵士を募集し、税金の徴収を管理する州知事を置いた。

士族の勢力と権威を強化するために、ピョートルは彼らが完全に所有できるような土地を渡した。スェーデンに勝利をおさめた後の1721年に、ピョートルは皇帝の称号を冠した。この時から、ロシヤはロシヤ帝国と呼ばれるようになった。

ピョートル一世時代の絹工場の内部

経済の改革

政府の所得を増大するため、ピョートルは若者から年寄りに至るまで男性の全農民に支払いを強いる人頭税を制定した。

ピョートル時代には、ラシャや他の工業所（工場）を施設した。手工業や農奴の労働者が働いていた。新しい工場を設置するため、商人に資金が与えられた。

この時期、イギリスでは製造所ですでに多くの自由雇用労働者が働いていた。ピョートルは商人に労働者を十分に供給するために、全部の農民を工場登録農民とした。

ピョートル時代には、すでに200以上の製造所があった。トゥーラでは、武器工場が強大に拡大していった。ウラルでは、新しい鉄製工場が成長した。

商人と工場主は、急速に富んでいった。ピョートルは町の商人に自治権を与えた。

啓蒙

ピョートルは、多くの注意を教育に注ぎ、教育を強く植えつけようと努力した。ピョートルは、外国に士族や貴族の若者を、造船や外国語の学習のために送り出した。

学校が開かれ、そこでは海事や技術、芸術、医学や他の科学などを教えられた。学校の教師はイギリス人、オランダ人、スェーデン人、ドイツ人や、他の外国から来た人がロシヤで働くようにピョートルが招いたものだった。

ピョートル全州知事に。国立男子小学校を開く

そこでは、士族の子弟が義務的に読み書き、算数、幾何学を学ぶように命令した。文盲の士族には、結婚することさえ禁じた。

ピョートルは、ヨーロッパ風に、ロシヤに初めて「報知」新聞を導入し、ロシヤ語のアルファベットを平易にした。

ピョートルまでは、新年は9月1日から計算されていた。だがピョートルは外国で行われ

ているように、1月1日からのカレンダーを用いるように命令した。新しいカレンダーは1700年1月から新しい年号として導入され、それは現代の暦にも適合している。

ピョートルは士族に、あごひげを切りかつらをかぶり、短い胴着やカフタンを西ヨーロッパで行われているように着るよう命令した。長い服やあごひげは、聖職者だけに許された。

ピョートルは自分の側近の家で、ヨーロッパのダンスと遊びで夜を過ごすよう命令し、それは夜会と呼ばれた。

ピョートル時代、ロシヤは顕著に前進したが、全ては要塞の圧政とツアーリの気ままで進められたので、古いままに進んだ。ピョートル一世時代のロシヤ帝政強化は、何十万人の労働者の滅亡と人民の犠牲により達成されたものだった。ピョートル一世は、地主と商人の国家の創設と強化に、多くの足跡を残した。

30、十八世紀の帝国
貴族、士族の支配

ピョートル一世は1725年に死んだ。ピョートル一世の死後、貴族の宮廷グループは貴族の近衛連隊に寄りかかり、陰謀をめぐらし彼らに都合の悪い皇帝を王座から引きずりおろした。中でも他の者より長く、アンナ・イヴァノヴナとエリザベータ・ペトローブナ皇帝が

エリザベータ・ペトローブナ女帝が従者に囲まれて散歩に出る

君臨した。

彼女らの在位中には、トルコ、スェーデンや他の国と数回の戦があったことが有名である。更にまた占領した土地から、貴族たちは農奴つきの新しい封地を貰った。

特に7年戦争の時に、ロシヤ軍はドイツ軍を破り、1760年にベルリン市を占領したことで有名である。

ペテルブルグでは貴族は豪華な宮殿を建て、きらびやかな祝典や舞踏会が行われた。ロシヤの宮廷や貴族は、今やフランス王や宮廷人の物まねをしていた。

貴族たちは、フランス語を話すことを学び、男はフランス風のビロードの胴着を着た。絹のストッキングが足をぴったったり覆った。丈の高い踵のある短靴は、高価な留め金で飾られ、頭には縮れ毛にし金粉を振りかけたかつらをかぶった。女性は薄いシルク、レースからなる高価な衣服をまとった。頭は意匠をこらしたフランス風のヘアーセットで出かけた。

めかしこんでパウダーを振りかけたかつらをつけた貴族は、働くこともできずまた欲しなかった。しかし、工場での労働や宮廷の運営には、学者や専門家が必要だった。彼らは外国から呼ばれ、それはたいそう高くついた。

ピョートルは更に科学アカデミーを創設したいと考え、それは彼の死ぬ年には開かれた。全てのアカデミー会員は外国人であった。アカデミーでは学生を訓練した。けれども、貴族は学ぼうとはせず、農民はアカデミーに入学させなかった。

エム・ベー・ロモノーソフ

（アルハンゲリスカ市に近い）デニソーフキ村の農民、ミハイル・ワシーリエヴッチ・ロモノーソフは、偉大なロシヤの学者であった。遠い北国から彼はモスクワにやっとたどりつき、そうでないと学校から入学を許されないので自分は貴族の息子だと偽って学校に入学した。ロモノーソフは5年間食うや食わずで暮らして、粘り強い勉強のお陰で8年の教育を受けた。能力のある若者だったので教育を続けるために外国へ官費で送られた。

偉大なるロシアの学者のアカデミー会員。エム・ベー・ロモノーソフ（1711 ～ 1765）

ロシヤに帰った際、ロモノーソフは科学アカデミーの会員に指名された。ロモノーソフは物理、化学、その他の分野ですぐれた学者であった。彼は、多くの科学的大発見をした。ロモノーソフは、ロシヤの科学の発端を開き、簡潔なロシヤ語で多くのスラヴ語の古びた表現を直しながら文学的な作品を書き上げた最初の人であった。

１７５５年には、モスクワでのロモノーソフの事業の延長で、最初の大学を創設した。大学の校庭には今、エム・ベー・ロモノーソフの記念碑がある。ロモノーソフは１７６５年エカチェリーナ二世の在位中に死んだ。

エカチェリーナ二世の皇帝時代

１７６２年、貴族たちはエカチェリーナ二世の協力でその夫ピョートル三世を殺し、彼女をロシヤの王座につけた。

エカチェリーナ二世時代には、貴族の権力がますます拡大されるようになった。エカチェリーナ二世は、100万人以上の農民を貴族に分け与えた。自分の豪華な生活を確保するために、貴族はますます強い農民への迫害を開始した。

賦役は、農民が全時間、地主のために働くまでになった。全ての農民が地主に対して尽くし——彼らは農夫であり、鍛治屋であり、料理人であり、侍僕であり、猟師であり、芸人であった。自分自身のために農民が働けるのは、休みの日か夜しかなかった。エカチェリーナ二世時代には、年貢はおそらく5倍程ふえた。

貴族は農民を売り買いした。女性には20~30ルーブルを支払い、文字が書けあるいは手に職を持つ者には、100~2000ルーブルを支払った。小さい子供は、10~20コペイカで買うことができた。地主の犬の方が、高い値段がついた。

地主はいろいろと農民を虐待した。女地主サルトウイハは自分の農奴を殴り殺し、熱湯を注ぎ火で毛を焼いた。彼女は100人以上の人間を殺した。

このような恐ろしい状態で、農民は叛乱を起こすようになった。

31、プガチョフの指導による農民戦争

農民戦争の始まりと行く末

最初にコサックがヤイーク河（今のウラル河）で叛乱を起こした。ツァーリ政府は、ウラルのコサックから自由を奪い、負担の重い課税を課し、ロシヤ農民と同じような農奴になるよう追い立てた。コサック軍幹部は不必要な税を徴収し、コサックに与えられるはずの俸給を着服した。

1773年には、コサックの貧民はその圧政者に対して立ち上がった。叛乱の首領には、ドン河のコサックの、有力で賢く勇気あるエメリヤン・イヴノーヴィッチ・プガチョフがなった。

コサックは、次々と堡塁を占領し、オレンブルグを包囲した。

プガチョフに、ウクライナの工場農奴が合流した。工場に縛りつけられた農民は、厳しい工場労働者を罵倒した。だが、エカチェリーナ二世の君臨した初期には、20万の工場農夫から約5万人が叛乱に参加した。

労働者は快くプガチョフの軍隊に参加した。彼らはプガチョフの軍隊に武器、大砲、砲弾を供給した。工場労働者から、プガチョフ軍の隊長フロープシャとベロボロードが出た。

同時に、叛乱にバシキール人が加わった。

貴族はバシキール人から土地を奪い、ここに製鉄工場を導入した。強奪されたバシキール人は、一度ならず叛乱を起こした。しかし叛乱は鎮圧された。

更にまたバシキール人は蜂起し、その騎兵隊と共にプガチョフの軍隊に流れ込んできた。その指導者の一人は、サラバート・ユーラエフである。この人は勇気ある若い蜂起者で、自分の軍隊でプガチョフを助けた。

エメリヤン・イヴノーヴィッチ・プガチョフ

この頃、ボルガ沿岸の住民の農奴、タタール、チュヴァン人、モルドバ人、マリ人も蜂起した。プガチョフは皇帝ピョートル三世を僭称（訳注　本人の身分を越えた地位、称号を名乗ること）した。
彼は、貴族と彼の妻である悪人エカチェリーナ二世は彼を殺せず、身を守ったのだと話した。ピョートル三世の名でプガチョフは政令に署名し全国に宣言書を送り、その中で貴族の農民

プガチョフが地主を裁く（ゲー・ベー・ベーロフの画集より）

たちに呼びかけ、農民たちに地主の圧政、兵士の募集、税から解放すると言明した。

ボルガ沿岸、ウラル地方全て、それとシベリヤの一部は叛乱に参加した。地主の領地は大打撃を被った。農民たちは地主の土地を奪い、貴族のパンの蓄えを、プガチョフの軍隊に取り込んだ。

自分の軍隊と共に、プガチョフはカザンにまで到達し、堡塁を取り囲んだ。

エカチェリーナ二世の軍隊は、まもなくプガチョフの軍隊を締めつけ始めた。プガチョフは、ボルガの下流を南へ退却するようになった。その道筋のボルガ沿岸の町は、プガチョフに戦闘なしに降伏した。だが彼はその中で、陣地を確保することはできなかった。

農民戦争の抑圧

1774年8月に、プガチョフはツアーリツィン（今のボルゴグラード）に到着した。数日間にわたってツアーリ軍隊の支隊との会戦で敗北に耐え、自分の軍隊の残りと共にステップへと逃げた。ここでは、金持ちのコサックの裏切り者が彼をツアーリ政権に売った。

プガチョフは鎖につながれ、大きな木の檻に入れられてモスクワ送りになった。

1775年1月10日に、ボラートナヤ広場で死刑執行人が農民戦争の勇敢な指導者——エメリヤン・イヴノーヴィッチ・プガチョフを処刑した。

サラバート・ユーラエフは鼻を削られ、額の上に熱せられた鉄で「泥棒で人殺し」という言葉を焼き付けられた。この後彼はバシキールに連行され、彼が叛乱を指導した村々で苔打たれた。残酷な拷問の後、サラバート・ユーラエフは徒刑に処された。

農民は勇敢に不屈に戦ったが、無智に閉じ込められ何を成し遂げるべきかをはっきりと述べることはなかった。彼らはバラバラのままで、闘争のための堅固な組織、強い軍隊を作り出すことはできなかった。

こうして農民や圧迫された人民は負けたのである。

32、十八世紀の終わりにロシヤに新しい土地を併合

クリミヤの併合とスボロフ

エカチェリーナ二世の治世時代に、トルコからアゾフ海を取り戻した。クリミヤはそれまではトルコに従属していたタタールの汗の統治下にあったが、ロシヤに統合された。クリミヤの南では海軍基地セバストポールが、黒海でのロシヤ艦隊の砦として建設された。

トルコとの戦争では、偉大なロシヤの司令官アレクサンドル・ワシーリェヴィッチ・スボロフが有名になった。

アレクサンドル・ワシーリェヴィッチ・スボロフ（1730～1800）

彼は軍役を普通の兵士から始めた。スボロフは厳しい人生を送り、兵士の食料を食べ自分を鍛えた。

スボロフは、2万5千の軍隊で、トルコの10万の軍を破った。

クリミヤを統合すると同時に、ウクライナの全左側地帯がロシヤに帰属することになった。ウクライナのヘトマンは、打ちのめされた。ドニエープル下流のザポロジスキーの本営にはロシヤの軍隊が入り、壊滅させられた。更にその土地をツアーリの将軍たちが占領した。

ザポロジスキーの一部の人は（カフカースの北の）クバンに連行され、別の一部はトルコに去り貧しいカフカース人となり、農民は農奴として働くことを余儀なくされた。エカチェリーナ二世はウクライナ、コサック幹部をロシヤの貴族として扱うことにした。

ポーランド分割

十八世紀のポーランドは、完全に弱っていた。ポーランドの大地主は、お互いに反目し合いながら政権を抑えていた。王の権力は弱かった。

大地主パンの支配するポーランドが弱小化しているのを利用して、オーストリヤ、プロシヤ、エカチェリーナ二世の三者は、ポーランドの土地分割について話し合った。ポーランドを割譲するにあたって、白ロシヤとドネープル河の右岸のウクライナの土地がロシヤに渡された。オーストリヤが、大部分の土地を奪った。

1794年に、コフチューシュの指揮の下、ポーランドでポーランド人による叛乱がポーランド復興のために起こった。オーストリヤ、プロシヤ及びロシヤはそれぞれの軍隊をコスチューシュの鎮圧のために送った。コスチューシュは破れ、彼は戦闘で重傷を負い、捕虜として捕らわれた。ポーランドからロシヤへ、リトワニアが委譲された。
この時からポーランドは、長い年月、独立政府としては存在しなくなった。

カザフスタンと極東シベリヤでの戦闘

十八世紀でのカザフ牧畜国には三つの国――柔然（じゅうぜん）があり、汗やスルタンが柔然により統治されていた。カザフスタンの貴族や商人は、ロシヤ、中央アジア近隣の国々のコーカンド、ブハラ、及び中国と商業を行っていた。これら全ての政府は、その反目を利用して自分の勢力下でカザフスタンを征服しようとした。

これ以前、カザフスタンはモンゴルとずっと戦っていた。モンゴル族は200年にわたりカザフ人を奴隷にし、カザフスタンがロシヤに統合されるまで彼らを攻撃していた。カザフ人は何度もロシヤのツアーリに彼らをロシヤ籍に受け入れるよう懇願していた。

1731年に、アヴリハイウラ汗の要請により、若い柔然はロシヤに併合された。ロシヤのツアーリはこれを利用して、全中央アジアを征服しようとした。エカチェリーナ二世は戦闘地域で堡塁を建設し、そこにロシヤ兵の守備隊を置いた。ツアーリの代理人は、カザフ人の土地を略奪する政策をとった。ツアーリの政策に対し、たびたびカザフ人民が叛乱に立ち上がった。

1783年に蜂起したカザフ人民の首領は、勇敢なサルイムだった。40年間、カザフ人民は、国民の英雄となった、怖れを知らない首領サルイムの指導の下に敵と戦った。

サルイムは敗れ、叛乱は鎮圧された。エカチェリーナ二世の軍隊は、カザフのステップの奥深くに侵入した。十九世紀の前半に、全カザフスタンが統合された。

十八世紀の終わりに、ロシヤ政府はシベリヤの北部民族の全土地を指揮下に置いた。ツアーリの軍隊はベーリング海峡を通り抜け、北アメリカに行きアラスカにロシヤ政権を打ち立てた。

十九世紀には、ロシヤのツアーリは、アラスカが多くの金を産出することを知らず、アラスカをアメリカ政府にほとんど捨て値で売ってしまった。

エカチェリーナ二世治世の終わりには、アゼルバイジャンとの決定的な戦争が始まった。

Ⅷ　十八世紀終わりのツアーリのロシヤ及び十九世紀の後半

33、フランスでのブルジヤ革命とエカチェリーナ二世とパウロ一世の闘争

フランスでの王制の打倒

西ヨーロッパの十九世紀の終わりに、全世界の人々、とりわけロシヤに関する大きな事件であるフランス革命が起こった。

１７８９年７月14日、パリで叛乱を起こした人々は、バスチーユ監獄を襲撃して占領した。監獄の囚人は自由になった。バスチーユには革命旗が掲げられた。

革命はすばやく全土を覆った。全土で手工芸者、小商人、当時の数少ない労働者が立ち上がった。農民たちは、至るところで貴族の領地を攻撃し、貴族の土地を奪い、農奴制の完全な廃止を要求した。多くの貴族は、外国へ逃げた。

革命の人々に寄りかかったブルジョアは、政権を自分の手に奪った。フランスではブルジョア革命が勝利をおさめた。

ルイ十六世はフランスから逃げようとし、エカチェリーナ二世は王にロシヤに来るよう、ロシヤパスポートを与えるようにパリにいた大使に指示した。

けれども途中で王は捕らえられ、パリに送り帰された。

パリの人民が蜂起し王立バスチーユ監獄を襲う

農奴制の国家のオーストリヤ、プロシヤは、革命から逃げた貴族を支持してブルジョア革命のフランスと戦争を始めた。王は、干渉者の反革命の計画を知っており、秘密裏に彼らを援助していた。

フランスの革命政府は、国の防衛隊を組織した。フランスでは共和制が宣言され、ルイ十六世は、人民に対する裏切り者として処刑された。

王の刑死の後、フランスでは、ジャコバン党の革命者の政権が農民と手工業者を代表してスタートした。彼らの指導者として、ロベスピエールとマーラーが「人民の友人」となった。

ジャコバン時代に、農民たちは決定的に農奴的従属から解放された。

地主の土地は、革命政府により取り上げられ、望む者、皆に売られた。地主の多くの土地は農民に売られたが、その一部はブルジョアの手に落ちた。

ジャコバン党員は首尾一貫した革命家ではなかった。彼らは部分的な土地、工場、製造所の私有制度をもうけた。彼らは労働者がストライキをしたり、資本家と戦ったりすることを禁止した。

革命を起こした人民は、自分の国の防衛に立ち上がった。共和制の軍隊は干渉者の軍隊を撃滅し、フランスから彼らを追い払った。今やフランス軍はその国境で戦い、王や貴族の奴隷所有者の権力から人民を解放した。

マーラー（1744 ～ 1793）

フランスのブルジョア民主党員の威力の強化を怖れて、強力な工業国家のイギリスはフランスと戦争を始めた。

国内外の反革命勢力はあらゆる手段を使って革命家たちと戦った。彼らは革命の指導者に暗殺者を送り、マーラーを殺した。ジャコバン党員は、人民の敵に容赦ないテロを行った。

けれどもまもなく、フランスの大ブルジョアは再び自らの手に権力を握るのに成功した。ジャコバン党の指導者は刑死した。ブルジョアの指導者には、ナポレオン・ボナパルト将軍がなった。

ブルジョア革命家は、王や地主の権力からフランスの人民を解放したが、ブルジョアの政権を樹立した。ブルジョアはフランスの労働者クラスが弱く、組織化されずに勝ったので地主の権力からブルジョアの助けを借りて自由になった農民たちは、ブルジョアを支持した。フランスの革命家は地主の重圧をなきものとしたが、ブルジョア資本家の重圧を強化した。

エカチェリーナ二世とパーベル一世のブルジョア革命家との戦い

エカチェリーナ二世は、革命が彼女の帝国に拡がらないかと怖れた。ロシヤではすでに革命に同情的な人がいた。当時、もっとも啓蒙的で先進的な人であった貴族のラヂシチェフは、「ペテルブルグからモスクワへの旅」という名の下で本を書き、その中では農奴制と独裁に公然と反対し、地主に対して農民が叛乱するのに同調した。エカチェリーナ二世はラヂシチェフをシベリヤに流刑にし、彼の本を焼くよう命じた。

エカチェリーナ二世は、フランスでのブルジョア革命という戦いを、自分の大事な課題と思った。彼女は快くフランスからロシヤに逃げて来た貴族を受け入れ、フランスに在住する全ロシヤ人にフランスを出るように命令した。エカチェリーナ二世はフランスと戦う全ての政府を助けた。彼女は、オーストリヤに金を与えプロシヤにはポーランドの土地を譲り渡し、彼らに援助の手を差し延べロシヤの軍隊を送り、その軍隊に出撃を命じた。ブルジョアフランスと戦争を始めるのを防げたのは、1796年の突然の死だけだった。

エカチェリーナ二世の死後、彼の息子パーベル一世がツアーリとなったが、彼はブルジョア革命家との闘争を続けた。彼はロシヤで全ての私的な印刷所を閉鎖し、フランス語の本を読んだりフランス革命の話をするのを禁じた。

アー・エヌ・ラヂシチェフ
(1749 ～ 1802)

パーベル一世はフランスと戦争を始め、その戦いにスボロフ将軍を派遣した。スボロフは北イタリア戦に勝ったが、アルプスから英雄的な脱出を成し遂げた。だが同盟国の――オーストリヤとプロシヤはスボロフを助けなかった。ロシヤ軍では食料が欠乏した。パーベル一世はスボロフの軍隊を呼び返し、フランスと和平を結んだ。この時代、ナポレオン・ボナパルトはフランス革命に政変をもたらし専制政府を作った。パーベル一世はナポレオンが革命軍と戦うのを見て彼との間に同盟を結んだ。

ナポレオンとの交渉は、ロシヤとイギリスの関係を決裂に向かわせた。イギリスとの同盟者の立場からはパーベルはその敵となった。パーベル一世がフランスと同盟を結んで不満だった貴族たちは、イギリス大使の助けでペテルブルグに陰謀をめぐらし、パーベルを殺した。

34、ツァーリ、アレキサンダー一世と1812年の祖国戦争

グルジヤの統合

パーベルの謀殺後、彼の息子アレキサンダー一世が王位を継いだが、彼は事前に父に対する陰謀に参加していた。アレキサンダー一世、ピョートルやエカチェリーナ二世が始めた黒海沿岸と肥沃なカフカーズの土地の獲得戦闘を続けることとした。

グルジヤでは、当時のロシヤがそうであったように地主が国を支配していた。農民たちはいつも背を曲げ、昼も夜も彼らのために働いた。農民たちは石を積み上げた家や堀立小屋に住んでいた。畑や庭での収穫の大部分を彼らの主人——地主が取り上げていた。グルジヤと隣接する支配政府（トルコとイラン）は徹底して肥沃なグルジヤの土地を襲い、ますます農民を破滅させた。

ある攻撃で1万人にも上るグルジヤ人を捕虜として連れ去ってまもなく、ツアーリパーベル一世は助けを求めて来た。グルジヤの首都トビリシへツアーリの軍隊が導入され、1801年にグルジヤはロシヤに完全に併合された。イランのツアーリのグルジヤに対する決定的な襲撃は止まった。

グルジヤはツアーリロシヤの所有するところとなった。裁判所や他の制度の中に、ロシヤの官吏が置かれることになった。

彼ら（裁判官や官吏）は、訴人にグルジヤ人の知らないロシヤ語を話すよう要求した。グルジヤでの農奴制はそのまま続くことになった。苛酷に制圧されたグルジヤの農民は、再々その地主やツアーリの官吏に対して叛乱を起こしたが、グルジヤ貴族や士族の助けもあって、ツアーリの軍隊は彼らを容赦なく制圧した。グルジヤの農奴士族の支持を受け、アレキサンダー一世は外コーカサスを強固に制圧した。

フィンランドとベンサラビヤでの戦い

1805年には、アレキサンダー一世はイギリスとの軍事同盟を復活させ、フランスで皇帝宣言をしていたナポレオン一世との戦争を始めた。

ナポレオンはアレキサンダー一世を打ち破り、フランスの主なライバルであるイギリスとの商行為をやめるようロシヤに要求した。負けたアレキサンダー一世は同意した。ナポレオンはこの代わりに、ロシヤ帝国がスェーデンとトルコに戦争を仕掛けても干渉しないことを約束した。ナポレオン自身は、全西ヨーロッパ民族をフランスの主権に治めたとされる。

その後、アレキサンダー一世はスェーデンとの戦争を宣言し、その軍隊ですばやくスェーデンが抑えていたフィンランドを占領した。

ロシヤの軍隊は、冬にボスニヤ湾に移動し、スェーデンの首都を破壊した。スェーデン王は、1809年には平和条約を締結し、ロシヤにフィンランドを委譲することに同意した。

3年にわたって、アレキサンダー一世はトルコに奪われていたドネーストルとプルート河の間のベッサラビヤと戦っていた。

1812年の祖国戦争

ロシヤとフランスとの同盟は長く続かなかった。地主と商人はイギリスとの自由な商売に興味を持ち、ツアーリに、ナポレオンとの絶縁を要求した。貴族は、ブルジョアフランスでの農奴制の廃止の影響を受けて、彼らのロシヤでの支配が弱まるのを怖れた。アレキサンダー一世は譲歩し、イギリスとの取引は再開された。

1812年の夏、フランスはロシヤに攻撃をし始めた。ロシヤ軍は全部でも20万人程度だった。彼らは、道々全ての食糧の備蓄や装備を廃棄しながら退却した。

まもなくナポレオンは、リトワニアと白ロシヤを占領し、モスクワに向かって前進した。ナポレオンのロシヤ侵入は、ロシヤ人民を侵略者との祖国戦争へと駆り立てた。

ナポレオンに対する闘争に、ウクライナ人、白ロシア人、タタール人、バシキール人その他、我が国の民族が参加した。

ロシヤ軍の指揮をしたのは、スボロフの愛弟子で偉大な司令官、ミハイル・クトゥゾフであった。

8月の終わりには、モスクワの近郊ボロジーノ村で大会戦が行われた。ロシヤ軍は国を荒廃させた敵と、粘り強く戦った。この血戦で、およそ5万人のロシヤ人が戦死したが、ロシヤ軍の勢力を砕けなかった。

ミハイル・イラリオーノヴィチ・クトゥゾフ（1745～1813）

フランス軍の損失は大きかったが、まだ彼らの側が優勢であった。クトゥゾフは戦わずにモスクワをナポレオンに引き渡すことと、軍を温存しておく

1812年、フランス軍の退却（プリヤニシニックの画集より）

ために退却することを決意した。

フランス軍はモスクワを占領した。モスクワの町は大火事となった。多くの家が焼けてしまい、モスクワのフランス軍は物資がなくなった。

冬が近づいた。フランス軍は、モスクワで踏みとどまる必要があった。ナポレオンはその軍と共に、モスクワ遠征で荒廃した道を退却し始めた。他の道を退却しようとする彼の試みは、成功しなかった――他の道はロシヤ軍により占領されていたのである。

クトゥゾフは、退却するナポレオンの軍隊を執拗に追跡した。パルチザンはばらばらになったフランスの部隊に攻撃をかけ、駆逐した。ベレジーナ河を渡る時に、ナポレオンはその軍隊の残兵が完全撃滅にあうか、自分自身が捕虜になるかの状態をやっと脱したのである。

大群を擁していたナポレオン軍は、３万人だけはロシヤの国境から外国へ逃れることができた。

ナポレオンは、新しい軍隊を召集し、戦争を続け始めた。だが今度は、ナポレオンに対してロシヤにプルシヤ、オーストリヤ、イギリス、スェーデンが同盟国として加わった。ライプツイッヒ市で、同盟軍はナポレオンを破った。同盟軍は、フランスの国境を越えてパリを占領した。

ナポレオンに勝った側は、フランスで、フランスの古い王制と貴族政権を復活させた。革命の際に殺された王の弟が即位した。ナポレオンは、大西洋の離れ島に追放された。当初よりナポレオンと戦っていたヨーロッパの他の国では、彼らに追われた王侯貴族が支配し始めた。

ナポレオンと戦ったアレキサンダー一世に、同盟軍はワルシャワの町を含むポーランドの一部を与えた。

ヨーロッパの改命主義者と戦うために、ロシヤのツアーリ、プロシヤ王、オーストリヤ皇帝との間で反動的な神聖同盟が結ばれた。彼らは国内の叛乱を抑えるのにお互いに助け合うことを誓い合った。この同盟の指導者としては、ロシヤのツアーリ、アレキサンダー一世がなった。ツアーリのロシヤは、ヨーロッパの憲兵となった。

35、デカブリスト

貴族の革命者の秘密結社

アレキサンダー一世は、戦時体制下に大規模な軍隊を維持した。ヨーロッパの国境近くに配置された軍隊は、特別な軍事派遣状態に暮らすことになり、ここで彼らは土地を耕し、自給自足の形で軍役を果たした。この派遣軍の長官は、苛酷なく粗野なアルクチェーエフ将軍がなった。

とりわけ、兵士が人生の25年をまるまる軍隊に仕えるというのは苛酷であり、徒刑のようであった。毎日彼らは原野で働いたり、軍事演習に従事した。結婚も、士官の選んだ人とした。兵士や農民は小さな過失にも棒で打たれ、傷だらけにされてしばしば死に至らしめられた。

このようなツアーリの気まぐれや農奴制度は、指導的な人々を憤慨させていた。彼らの多くは士官として仕えていた。外国への進攻で、フランスでは農民は農奴制のないところでい い暮らしをし、貴族の領地や工場での雇用労働は、農奴制より儲かることを知った。彼らは西ヨーロッパの町で、人々はロシヤより裕福に文化的に暮らしているのを見た。

これらの貴族は、自国での生活のことを深く考えた。彼らは秘密革命結社「北部同盟」と「南部同盟」を組織した。

「北部同盟」の構成員は農奴制を滅ぼし、貴族を農民の上に置くが全土地は地主に残すと決めたいと思っていた。彼らは、ツアーリ制度を温存するのが必要であると考えたが、その権力は制限する必要があると認めていた。この結社の主な指導者は詩人で、プーシキンの友人のルイレーエフと士官のトルベッコイとカホーフスキイであった。

ウクライナでは、ツアーリの軍隊の中に「南部同盟」が、教養があり勇敢なペストリ大佐を首脳として出現した。彼は農民に、自由だけでなく土地を与えるべきだと考えた。ペストリは、ロシヤには共和制が必要だと考えた。ツアーリとその家族を滅亡させることが提案されていた。

けれども、これらの秘密結社の構成員は貴族であり、人民に叛乱が呼びかけられることを怖れていた。彼らは、エカチェリーナ二世時代に貴族に反対して農民が叛乱を起こしたことを覚えていた。彼らは、指導する軍隊の助けだけを借りて、革命を起こしたいと思った。

デカブリストの叛乱

1825年、アレクサンダー一世が死んだ。彼には子供がなかった。ツアーリには、当然、ニコライがなった。

1825年12月14日の朝、士官たち――「北部同盟」の構成員は、ペテルブルグの元老院の広場で自分たちの連隊を連れて来て、ツアーリニコライ一世に服従宣誓をするのを拒否した。彼らに近衛水軍が参加した。蜂起した者たちは、その総指揮者のトルベッコイ公爵の指

1825年12月ペテルブルグでニコライ一世が大砲を打つように
蜂起軍に命令する

示を待っていた。けれども彼はおじけづき、広場に現れなかったため叛乱は指導者なしになった。ニコライは、彼が信頼できる軍隊を呼び込み、彼らが叛乱連隊を取り囲んだ。

叛乱者の周りに農奴、職人、建築労働者が集まった。彼らは、薪や石をニコライ側についた兵士に投げつけた。けれども、革命家貴族は彼らの助けを借りることを怖れた。

ニコライは、交渉のために叛乱者側に州知事を送り込んだ。士官のカホーフスキーは知事を殺した。ニコライ一世は自分の軍隊を信用せず、力を振るうことを長くためらった。夕方になって大砲が運び込まれ、彼は叛乱軍に大砲を放つことを命令した。砲声がとどろいた。叛乱者も人民も、ちりぢりに逃げ去った。広場には多くの死人や負傷者が残った。

　2週間後、ウクライナでキエフ近くの「南部同盟」の士官たちは、チェルニゴフスキー連隊で叛乱を起こした。彼らは自分たちの連隊を、組織の中にあった他の軍隊と統合させた。ニコライ一世により叛乱を鎮圧するために送られた軍隊は、これらの連隊を滅した。

ペー・イー・ペストレリ、カー・エフ・ルイレーエフ、エム・ペー・ベストウージェフリューミン、セー・エヌ・ムラビイヨフアポストル、ペー・ゲー・カホーフスキー 5人のデカブリストがニコライ一世により処刑された

　叛乱に圧力を加えたニコライ一世は、その参加者を逮捕し仮借なしに彼らを懲らしめた。5人の首謀者（ペストレリ、ルイレーエフ、カホーフスキー、ムラビイヨフアポストル、ベストウージェフリューミン）は、絞首刑に処せられた。シベリヤに、100人以上の士官の謀反者が追放された。多くの兵士が「組織」を追われ（各人は100回以上の鞭打刑に処せられた）、多くの人を徒刑やカフカーズの作戦部

隊に送ってしまった。

1825年12月に蜂起した革命士官は、デカブリストと呼ばれ出した。その数は多くはなく、彼らは人民とは結びついていなかった。

けれども、初めての組織は公然と手に武器を持って、デカブリストたちは専制君主に対しツアーリの首都に登場した。彼らの目的に滅びなかった次の革命の世代が彼らに続いた。

ニコライ一世はツアーリとなって、革命との闘争を主な課題と考え、旧体制の農奴秩序を全て守ることとした。

36、憲兵と官吏のツアーリ主義 ニコライ一世

ツアーリニコライについて、子供だった頃の彼の先生は「私は彼が手に本を持っているのを見たことがない。彼のただ一つの仕事は――前線のことと兵隊のことであった」と話している。このような人間が、ロシヤの皇帝となったのである。

ニコライ一世は、1825年12月14日の叛乱にはたいそう驚いた。革命との闘争に、彼は特別の政策をあみ出した。憲兵隊である。憲兵隊の長官は、ただツアーリにのみ従属していた。全住民に対して、厚い監視の目がしかれた。憲兵や秘密の警察員が、全国に徘徊し始めた。

彼らは人民の間の全ての噂や会話の端々を盗み聞きした。ごくわずかな嫌疑や密告で、人々を逮捕し出した。

ニコライ一世は、貴族の官吏を通じて管理を行い、その中には多くの収賄者や公金横領者がいた。役所や裁判所の官吏は、人民に賄賂を強要し人々を虐待し暴力を用いた。

苛酷ない鞭打ちによる規律が、ニコライ一世のロシヤで設定された。彼の時代に逮捕された兵士や農民が全て、地主やツアーリに反抗した。彼らは、小枝やつるや鞭や棒で打たれた。

農民たちは、地主のところでなおいっそう働くよう強制された。彼らから全ての土地を取り上げ、賦役や年貢を課した。

農民たちは、このような厳しい生活に耐えられず農奴制擁護者の恣意に反対して、叛乱を起こした。彼らはもっとも厳しい地主を殺し、彼らの邸宅を焼き、破壊し、賦役のために働くことや年貢の支払いを拒否した。農民たちの暴動はずっと続いた。

ツアーリの軍隊や警察は、不満を抱く農民を仮借なく鎮圧し、彼らを厳しく罰した。

ツアーリのロシヤ内に住むことは、ひどい重圧を受けることだった。

アレキサンドル・セルゲーヴィッチ・プーシキン（1799 ～ 1837）

偉大なロシヤの作家　偉大なウクライナの詩人シェヴチェンコ

ニコライ一世時代に、天才的なロシヤの詩人、アレキサンドル・セルゲーヴィッチ・プーシキンが生きていた。彼は美しい作品（「エフゲーニーオネーギン」「ボリスゴドノフ」、「大尉の娘」その他）を書き、われわれはそれらを誇りとしている。プーシキンは、ロシヤ文学を創始した。

プーシキンは、モスクワで１７９９年、貴族の家庭に生まれた。まだ子供時代に、彼は詩を書き始めた。貴族学校、ツアーリスコエ村（今のレニングラード近く）のリツエイで高名な作家となり、デカブリストに近づいた。

その詩の中で彼は、農奴制と専制君主制をひどく非難した。このような詩を出版することはできなかったが、それを手書きでコピーし、こっそりと読まれてあらゆるところに拡がった。

これらの詩のことをツアーリのアレキサンダー一世はよく知っており、プーシキンは最初は南に送られ、次に2年間、村を追放された。人生の終わりまで、プーシキンはいつも憲兵の監視下に置かれていた。特にニコライ一世時代には、彼の暮らしは重圧がのしかかっていたし、ニコライ一世はプーシキンがデカブリストと近い関係にあることも知っていた。プーシキンの作品は、ニコライ一世自身が許可した時にのみ公刊された。

ツアーリは、プーシキンを憎んでいた。宮廷の貴族は、偉大な詩人をいじめ辱めた。ニコライ一世はこのいじめについてはよく知っていたが、そのことが決闘事件に達するまで何も対処しなかった。プーシキンは、決闘で無作法者の一人と戦い、1837年の初めに殺された。

自由な思想は、憲兵国家には存在しなかった。ニコライ一世は別の著名な詩人――ミハイル・ユレイヴィッチ・レールモントフを、コーカサスの作戦部隊に送り込んだ。ツアーリは、詩の中で宮廷の寄生虫と烙印されたプーシキンの殺人者をコーカサス山に送り、レールモントフはコーカサスでそのならず者の士官の一人と決闘して殺された。このことを知ってニコライ一世は「犬め――犬の死だ」と語った。

ヴィッサリオン・グリゴーリエヴィッチ・ベリンスキー（1811～1848）

当時の第三の偉大な作家、ニコライ・ワシーレヴィッチ・ゴーゴリは、ニコライ一世の覇権と官吏の気まぐれを記述した彼のすぐれた作品、「死せる魂」と「検察官」の中で、ロシヤの農奴制の過酷な生活をはっきりと書いている。

グリゴリエヴィッチ・シェヴチェンコ
(1814 ～ 1861)

ニコライ一世時代に、結核に冒された著名なロシアの文学革命評論家、ヴィッサリオン・グリゴーリエヴィッチ・ベリンスキーが憲兵に駆り出されて死んだ。

ロシヤの大作曲家ミハイル・イヴァーノヴィチ・グリンカも、ニコライ時代のロシヤで、過酷な生活を送った。彼は、ロシヤ最初の国民オペラ「ルスランとリュードミラ」を創作した。その中で彼は、ロシヤ国民のものだけでなく、他国民の国民歌を伝えた。貴族はこのすぐれた作品を理解せず、グリンカのオペラを劇場で公演するのをまもなく止めてしまった。怒ったグリンカはロシヤを去り、外国で死んだ。

ニコライ一世は、苛酷にもウクライナの革命詩人芸術家タラス・グリゴリエヴィッチ・シェヴチェンコを罰した。シェヴチェンコは農奴であったが、自由を買った。

彼は自分の詩で、ウクライナやツァーリロシヤの他民族の圧政について、農奴の苦しい生活、ツァーリやパンの専制政治、人民の無法状態の重苦しい生活について書き述べた。

ニコライ一世はシェヴチェンコを兵役につかせてカザフスタンに追放し、詩を書いたり、描いたりすることを禁じた。シェヴチェンコを10年間、兵営で苦しめたが、その魂はくじけなかった。彼はひそかに詩作を続けた。ウクライナでは、ソ連政府の時代になって、彼の詩集「コブザリ」が初めて完全に印刷された。

37、コーカサスの併合
アゼルバイジャンとアルメニヤの併合

十九世紀の初め、グルジヤがロシヤに併合された。この後すぐアゼルバイジャンとアルメニヤでロシヤ併合が締結されたが、両国は長い間イラン政府の軛に苦しんでいた。イランのシャーは再三これらの土地を奪いたいと目論んでいた。けれどもロシヤ軍は、更にイランの軍隊を打ち破った。

イランの他に、グルジヤとアルメニヤでは、トルコもしばしば攻撃をかけてきた。トルコの軍隊は、町や村を打ち壊し家畜を殺し、野を荒廃させ全ての町の住民を皆殺しにし、何千もの住民を奴隷として連れ去った。

グルジヤ、アゼルバイジャン、アルメニヤのロシヤへの併合後、略奪をともなったトルコの攻撃は断固とした反撃を受けるようになった。トルコは、グルジヤ、アルメニヤ、アゼルバイジャンを破壊することは今やできなくなった。当時、トルコのサルタンはロシヤに対して小数の山岳民族を戦争に駆り立てようとしていた。山岳民族は高くて近づきがたいコーカサスの山々に住んでいた。これらの山々は、ロシヤとグルジヤ、アルメニヤ、アゼルバイジャンとの関係を面倒なものにした。山々に入ると、道がたいへん少なかった。もし山岳人がロシヤに対して戦争をしたとすると、トルコが再び外コーカサスを攻撃するのは易しかっただろう。

山岳人のシャミーリの指導の下での活動

山岳人の分裂した部族は、各地の貴族や地主の勢力下にあった。そのうちの富裕な山岳人シャミーリは、全部族の主権者だと宣言していた。彼はロシヤに対決するよう、イスラム教徒を刺激し始め、遅れをとっていた山岳人を自分の部隊に集め始めた。シャミーリは、ロシヤを嫌う貴族や地主に頼った。トルコのサルタンはシャミールを買収し、彼は金や武器をシャミールに与え、軍事援助を約束した。イギリスもシャミールを助けた。イギリスはロシヤの力をそぎ、コーカサスを占領しようとしていた。イギリスはその当時、アジア、アフリカ、その他の国で仮借ない搾取者であった。コーカサスを、イギリス及びトルコに占領されることは、コーカサスの人民にとっては大きな不幸であった。

シャミールの部隊は絶えず、クバンのコサック村とグルジヤの村落を攻略していた。シャミールの襲撃で、多くの農民が捕えられた。シャミールは彼らを死刑にするか、奴隷とした。

1853年に露土英仏戦争が始まった時に、特にシャミールの襲撃は激しくなった。ロシヤの軍隊は、シャミールの部隊と戦うことが難しくなり、シャミールは襲撃後、近寄りがたい峡谷や山林の盆地に隠れた。しかし、ロシヤの軍隊はシャミールの部隊にずっと勝ち続けた。

シャミールを撃滅し、遂にコーカサスを統合する

初めのうちは、山岳人の多数を、独立のために解放戦争を行っているかの如く惑わすのに成功した。だが、人々はこの欺瞞に気づいた。彼らはこの戦争は、苦痛と破壊に導くものだと気づいたのだ。山岳人はまた、トルコやイギリスの政権下に屈することは望まなかった。コーカサスの進歩的な人々は、ロシヤに併合されるように努力した。

一般大衆は、シャミールと彼に任命された官吏が山岳人に仮借ない政府を置いて、彼らを破壊していることに不満であった。シャミールは、大量殺戮《さつりく》を行って、山岳人がロシヤに対して戦争を続けてくれることを願った。彼は、不満を持つ山岳人の全村を根絶した。けれども人民は、シャミールに隷属しなかった。シャミールの部隊はまばらになっていった。

高い山のグニーブ部落（ダゲスタン）でシャミールは、ロシヤの軍隊に囲まれ捕虜として捕らえられた。この後すぐ、コーカサスは窮極的にロシヤに統合された。コーカサスの人民は外の敵から安全を保障された。

ツアーリ政府はシャミールを討った後も、土地の地主の搾取からは逃れさせなかった。それどころかツアーリは、ここに自分たちの官吏による政府を設置した。

けれどもコーカサスのロシヤへの統合は、ロシヤ人民に接近するのには助けになった。彼らは、進んだロシヤの芸術家と親しくなった。コーカサスより離れた人々は、ロシヤ人民と協同でツアーリ、地主資本家と戦った。

38、ヨーロッパでの1848年の革命　カール・マルクス、フリードリッヒ・エンゲルス1848年の革命とニコライ一世

十九世紀の中頃、ヨーロッパにおける工業は、すでに強力に発展していた。政府と並んで大工業地帯が興り、多くの工場や新しい機械を備えた製造所が建ち始め、いち早く鉄道が建てられた。工場主や製造主は大きな利益をあげた。百万長者が現れ出した。彼らの手の中に政府の勢力や権力がおさまった。

1848年　パリ労働者の革命暴動

繁栄する工業は、ますます多くの労働者の手を要求した。以前にはなかった多数の労働者クラブが形成され、プロレタリヤとなった。

プロレタリヤは自分たちの権利のために、資本家と公然たる戦いを始めた。特にパリのプロレタリヤが、１８４８年の革命には有名になった。

１８４８年2月22日、パリで革命が勃発して急速にフランスの街を包み込んだ。王は外国へ逃げ、フランスにはブルジョア共和国が出現した。

しかしフランスでの革命は、労働者の重荷の軽減には何ももたらさなかった。

１８４８年の終わりには、パリのプロレタリヤは自分たちの主人、資本家、及びブルジョアの共和政府に反対して現れた。３日間、英雄的に労働者は戦った。彼らの妻や子供たちは、鉛の弾丸を作りバリケード作りを助け、兵士たちの銃弾の下をくぐって戦士に食料を運んだ。ブルジョアは労働者に対してよく装備した軍隊を動員した。労働者はあまり組織化されず、彼らの武器は不足し、農民側寄りの支持もなく、叛乱は鎮圧された。ブルジョアは勝った者とともに、苛酷な懲罰に乗り出した。数千の人々が銃殺され、牢獄に入れられ、懲役に処せられた。ブルジョアは勝利を祝った。

パリでの革命と、プロシヤとオーストリヤでの騒乱のニュースが初めてもたらされると、ニコライ一世はその軍隊をプロシヤとオーストリヤの国境に動員した。彼は彼の憎んだ革命活動を窒息させる瞬間を待っていた。

フランスに続いて、革命はヨーロッパの多くの国で起こった。オーストリヤの首都ウイーンでは、蜂起した労務者、学生、他の市民が貴族の政府を打倒した。皇帝は、ウイーンから逃げ出した。

ベルリンでは、バリケードで革命労働者が18時間戦い、王が譲位することを余儀なくされた。プロシヤでは新しい政府が作られ、農奴法は廃止された。

労働者と市民は他の国でも、王や貴族、ある種の資本家に反対して叛乱を起こした。

革命はオーストリヤ帝国の一部、ハンガリーを占領し、ニコライ一世はオーストリヤ皇帝の要請により、自分の軍隊を送り革命を抑圧した。

このように、ツアーリニコライ一世はヨーロッパの憲兵として革命と戦った。しかしどの勢力も、1848年の革命で蜂起した若い階層――プロレタリヤを窒息させることができなかった。

カール・マルクスとフリードリッヒ・エンゲルス

プロレタリヤの天才的学生と指導者は、マルクスとエンゲルスである。

1848年に彼らは、ドイツの革命労働者として登場した。マルクスは当時30才で、彼の友人エンゲルスは28才であった。彼らは最初の革命家――共産主義者であり、革命時までにすでに「共産党同盟」を創設し、有名な「共産党宣言」を書いた。

この宣言書では彼らは全世界の労働者に自分たちの敵との闘争を呼びかけた。その時から彼らの呼びかけ――「全国のプロレタリヤ　団結せよ！」が全世界の労働者のスローガンとなった。

ドイツで革命が失敗した後、マルクスとエンゲルスはドイツを去り、イギリスに居を定めることになった。厳しい条件で彼らは生活をし、働かねばならなかった。マルクスの家族はたいへん困窮した。エンゲルスは、できる限り自分の友人を助け、不幸も喜びも分け合った。

しかし、厳しい生活は偉大な革命家を砕くことはなかった。彼らは、自身の始めた資本家

フリードリッヒ・エンゲルス
(1820 ～ 1895)

カール・マルクス
(1818 ～ 1883)

の虐待から貧窮者を解放する偉大な仕事を不断に続けた。

彼らは多くの本を書き、それで労働者はどのように資本家と戦い彼らに勝つかの方法を学んだ。

マルクスとエンゲルスは、虐げられる人と虐げる人の間には激しい闘争があることを労働者に教えた。

資本主義の時代には、ブルジョアと労働者との間ではこのような闘争が必ず起こり、その闘争は労働者階級の勝利に終わらねばならない。労働者階級はブルジョアの政権を引きずりおろし、自分たちの革命政権を据え――プロレタリヤの独裁にする。勝利をおさめたプロレタリヤは新しい――共産主義社会を建て、その中では階級もなく人の虐待もなくなるだろう。

マルクスとエンゲルスは、全国の労働者に一つの強力な共産党に団結することを呼びかけた。

39、1861年の改革前のツアーリロシヤ
工業の発展

十九世紀の中頃まで、農奴制のロシヤにおける工業はゆっくりと発展した。国の全人口の10分の1だけが町に住んでいた。工場や製造所では、やっと50万人の労務者が働いていただけだった。彼らの多くは小作料を免除してもらい、自由となり工場で雇用されて働いていた農奴が多かった。工場ではやっと機械や蒸気機関を入れたばかりだった。ボルガやドネープルにはやっと汽船が現れたところだった。たった一つの大きな鉄道が――モスクワとペテルブルグの間に建設された。

工場主や製造所の所有者は、自由人で雇用労働ができる人が少なかったため、多くの工場や製造所を作ることはできなかった。この他、ロシヤで製品を売ることは難しかった。それは、農奴制の農民は少しずつしか買わなかったからである。

町での人口の増加、工場や製造所の数の増大はロシヤでの穀物の内陸取引を増加させた。ロシヤの地主の大量の穀物は外国へ、特に工業国のイギリスに輸出された。彼らは販売する

ためになるだけ多くの穀物を所有したいと思い、それが更に農奴を必要とさせた。

多くの地主は、農奴制は地主経済の発展にブレーキをかけ、雇用労働者の方がよく土地を耕し、彼らを扶養することの方が安くつくことがだんだんとわかってきた。彼らは農奴制を廃止する必要性について、話し合いを始めた。

クリミヤ戦争

黒海沿岸で完全な主導権を持とうと、徹底的にトルコをコーカサスの地から追い出し、自由に海峡を通ってヨーロッパに地主の穀物を持ち出すために、ニコライ一世は1853年に、その時までには弱まりつつあったトルコとの新しい戦争を企てた。

けれども、イギリスとフランスはロシヤがトルコに勢力を張り、潰すことを望まなかった。彼らは自分たちで同盟を結び、ニコライ一世に対して戦争を宣言した。

同盟国艦隊は黒海へ入って来た。彼らの軍艦は蒸気機関と強力な大砲を有していたが、ニコライ側には帆船のみだった。敵はクリミヤを大軍で取り囲み、セバストポールを包囲した。敵は、ロシヤ製のものより2倍も遠くまで飛ぶ大砲と鉄砲を装備していた。農奴制のロシヤには、そのように遅れた軍事技術しかなかったのだ。ツアーリ側の将軍は、クリミヤの良い地図すら持っていなかった。軍への補給は、収賄者や官の横領者の手の内にあった。

海の要塞セバストポールは、陸地からの堡塁を持たなかった。短い期間で、住民や軍隊は土塁をあちこちに築き、丘には砲台を設置した。ニコライ一世の帆船は、敵の艦隊と交戦することができなかった。そのロシヤの帆船は、セバストポール湾の出口で浸水して——その中にいた敵の艦隊は出ることができなかった。

セバストポールの包囲は、11ヶ月続いた。セバストポールの防衛は、ナヒーモフ提督が指揮した。ロシヤの兵士は勇ましく戦い、町を粘り強く防衛した。遂に、主堡塁セバストポールの扉と呼ばれたマラホフクルガンは射撃の後、フランス軍に占領された。

セバストポールは完璧に壊され、その中で大軍を維持することはできなかった。守備隊は、堡塁の廃墟の中に残された。ニコライの率いるロシヤ軍は完全に敗れた。ニコライ一世は、まだセバストポール包囲中に突然死んだ。アレキサンダー二世がツアーリとなった。

1856年、パリで平和条約が締結された。ロシヤは黒海で、艦隊も防塁も、保有することを禁じられた。けれどもセバストポールは、ロシヤのうちにとどまった。ロシヤのクリミヤ戦争の敗北は、農奴制ロシヤの後進性を今しばらく示すことになった。

戦争の後、農民の叛乱は全国で始まり、ツアーリアレキサンダー二世は貴族院集会に現れ、農民を「上から」解放した方が彼らが叛乱を起こす、「下から」解放することが良いと宣言した。

エー・イー・ゲルツイン

農奴制度とツアーリの気まぐれに反対して、作家で民主党員のアレキサンダー・イワノーヴィッチ・ゲルツインが登場して来た。

ニコライ一世は、ゲルツインを首都から追放した。追放から、ゲルツインは外国へ去った。ここで友人のオガリョーフと共に、ゲルツインはアレキサンダー二世がツアーリになる時に、「鐘」という雑誌を、ロンドンで初めてのロシヤの自由な印刷物として印刷し始めた。

雑誌の中で、彼は熱心に農民、被虐人民の擁護に尽くした。「鐘」はひそかにロシヤに送られていたが、それを読んだ人は逮捕され、シベリヤに追放された。

アレキサンダー・イワノーヴィッチ・ゲルツイン（1812-1870）

IX　ツアーリ　ロシヤでの資本主義の成長

40、ロシヤでの農奴制の廃止

1861年2月19日のアレキサンダーII世の宣言

ツアーリアレキサンダーII世は、農民が自身で農奴制の秩序を下から崩壊させることを怖れて、1861年2月19日、農民の解放をめぐる宣言に署名した。農民たちは自由になり、彼らを売ったり買ったりすることはできず、貴族の所有物になることをやめた。

しかし、農民には少ししか残らなかった――改革まで持っていたものより少なく、悪い土地が与えられ、良い土地は地主たちが自分のために取り込んだ。地主は農民に不可欠な用地、森、草地、放牧地などを切り離した。地主は地主の草地が、水飲み場や森や牧場への農民の土地の道をさえぎるように、土地を分配した。農民は、その地主が都合のよい取り決めのために、地主の土地の一部分を利用できるかどうか、その可能性を与えてくれるよう頼む必要があった。

農民は、自分の土地を自由化のために地主から買い戻した。そのため土地は、もとの値段より2倍も3倍も高く価格がつき、それを支払わねばならなかった。農民は40年あまりもの間、自分たちの解放のための約200万ルーブルの買い戻し金を支払っていた。

更にツアーリや地主は、クリミヤ、ウクライナ及びコーカサスで農民を収奪していた。クリミヤでは、彼らは黒海沿岸の良質の土地を、自分たちのために取り上げていた。

ここにはツアーリやその家族、官吏、貴族の宮殿や荘園があり、これらの人々は全土地を自分たちのために残していた。ウクライナでも、農民は少しずつしか農地を受け取らなかった。地主は、肥沃な黒土地帯を与えなかった。グルジヤでは、農民は莫大な買い戻し金の他に、長い期間、以前の通り地主のために働かねばならず、またブドウ園や牧場での収穫の3分の1を地主に与えねばならなかった。

このような農奴制の廃止は、全国にわたって農民大衆の激しい叛乱を呼び込んだ。農民たちは、完全な自由と必要な土地を無償で引き渡すことを要求した。農民たちを鎮圧するために軍隊が出動させられ、その軍隊と農民には決闘が起こり、多くの死人や怪我人が出た。

エッチ・ゲー・チェルヌイシェフスキー

当時、よく教育を受けた人々が、農民の利益を守った。彼らのうちの一人が、偉大なロシヤの学者でナロードニキ運動の、ニコライ・ガヴリーロヴイッチ・チェルヌイシェフスキーだった。

彼は、子供の時は農奴とボルガの船曳き人夫の重苦しい生活を観察した。改革を準備していた時、チェルヌイシェフスキーは多くの論文を書き、その中で完全な自由と地主の土地を、農民に無償で与えるよう要望した。
2月19日の宣言書があった後、チェルヌイシェフスキーは他のナロード革命家とともに、農民がツアーリや地主に対して叛乱を起こすよう呼びかけた。そのため、チェルヌイシェフスキーは「地主の農民たちへ」と呼びかけたが、そのことがツアーリの憲兵の注意を引いた。

ニコライ・ガヴリーロヴイッチ・チェルヌイシェフスキー（1828-1889）

アレキサンダー二世は、チェルヌイシェフスキーをペトロパブロフスキー要塞に入れ、その後流刑に処した。しっかりした革命家は自分の信念をもってあきらめることがなかったため、ツアーリは彼をシベリヤの牢獄にとどめ、19年間の流刑に処した。マルクス、エンゲルス及びレーニンは、チェルヌイシェフスキーを堅固で勇敢なナロード革命のすぐれた学者であると高く評価した。

詩人　エッチ・エー・ネクラーソフ

この頃に、自分の寸詩を書いたのは才能あるロシヤ詩人、ニコライ・アレクセーヴィッチ・ネクラーソフである。

ニコライ・アレクセーヴィッチ・ネクラーソフ（1821 ～ 1877）

彼の平易な詩の中では、ツアーリ制度のロシヤの苦い生活が明るく表現された。彼は、農奴制の時代にどのように苛酷に人々をあざけっていたか、また改革の後、地主や資本家がどれほど農民を搾取していたかを書いた。

「農奴の枷と一緒に人々はいろんなことを思いついた」とネクラーソフは書く。ネクラーソフの詩は、当時の革命家に好まれた歌だった。ロシヤ人民は、今もそれを歌っている。

支配の交代

農奴制時代、地主自身はその農民を支配して、彼らの取り締まりを行っていた。農奴制改革の後、各村での管理のために村長が置かれた。ある村や部落は、郷に統合されそれを郷の長老が管理した。郷長と村長は金持ちの農民から選ばれた。彼らはツアーリの官吏管轄下に置かれ、農民から戸別割人頭税を力ずくで徴収し、農民が隷属するよう警察を助けた。郷では郷の判事を選び、判事は農民を裁いた。郷の判事は逮捕された農民を、笞刑や罰金という判決にした。農民や刑事犯には、体罰が続行された。

県や郷では地方政府がやっとできて、学校、病院、橋や道の管理をしていた。このための全ての資金は、農民から集められた。地方政府では、代表に選ばれることは、農民は3000の家庭から一人ぐらいで、少なかった。地方政府の農民の代理は、大部分がクラーク（大農）であった。地方政府での全てを地主が指導した。町の行政の管理のために、町では町議会が創設され、その議会で決められた権利は、工場主、商人、金持ちの家主のみに与えられた。

軍役の秩序は変えられた。軍隊には、21才になった人全てを召集し始めた。間断なき軍役期間は、6年程に縮められた。しかし以前のように、農民は軍隊で兵士として働き、貴族は士官となった。

改革後、ツアーリと地主は自分の手に権力を集め、良質の土地を多く持ち、農民たちを警察や官吏の厳しい管理下に置いた。

けれども、ロシヤの農奴法の廃止は、新しい工場や製造所を発足させ、鉄道建設は早められ、商業が広く発展した。農奴制のロシヤは、資本主義国家となった。

41、ポーランド人の独立闘争とアレキサンダー二世の戦争

1863年のポーランドの叛乱

ポーランドの貴族の主導の下に、すでに長年、ポーランドをロシヤツアーリの権力から解放するよう、準備されていた。ワルシャワでは、革命家により「国民委員会」が作られ、叛乱を準備していた。

1863年に、ポーランドの貴族により作られた「国民委員会」は叛乱に立ち上がり、自らのポーランド政府を宣言した。

叛乱は、ポーランドをリトワニアの一部、ベロルーシャの一部としようとした。至るところで、暴徒部隊が召集された。叛乱に加わった者はピストル、猟銃、槍、サーベルで武装していた。ロシヤ軍隊の大部隊との決定的戦闘を避け、彼らはパルチザン戦争を始めた。叛乱を起こした部隊は森の中に隠れ、そこからツアーリの軍隊を攻撃した。一年半にわたって、このような小戦闘が1000以上行われた。

特に強力な叛乱が、ベロルーシャに起こった。ここでは、カストゥーシャ・カリノフスキーが大鎌と斧で武装して指導し、農民たちは地主の邸を焼き、ロシヤ軍の小部隊を駆逐して地主ツアーリの官吏や士官を殺した。

叛乱の鎮圧に、アレキサンダー二世は全軍を派遣した。

18ヶ月になって始めて、ツアーリの将軍たちは勇敢に戦う謀反者を滅亡させることができ

た。ベロルーシャとリトワニアでは、容赦のないムラビイヨフ将軍がその鎮圧を指揮した。彼は、仮借なしに捕虜を絞首した。勇敢なカストゥーシャ・カリノフスキーも捕虜になり、絞首された。

叛乱の鎮圧後、ツアーリ政府は何十万ものポーランド人をシベリヤに送った。

叛乱時、ツアーリのアレキサンダー二世はポーランドとリトワニアで、農民と取り決めをした、ロシヤの他府県よりは緩い農奴制の廃止の法制化を急いだ。すなわち、農民の町税負担を廃止し、リトワニアでは農民は昔の分与地を他の府県よりも低い価格で買うことができ、ポーランドでは無償で貰うことになったのだ。

それは、ツアーリにとって、ポーランドの地主に対抗して農民を自分側に引きつけていく必要があったからである。

中央アジアでの戦争

同じ頃、ツアーリアレキサンダー二世は中央アジアで決定的な戦争を開始した。カザフスタンの取り込みを強化しようとして、ツアーリ政府は10年間にわたってキルギスと戦争した。キルギス人は粘り強く、ロシヤ軍に抵抗したがそれは粉砕された。

シルダリヤ川に沿って出動し、ロシヤ部隊はウズベクの町タシケントを攻撃し始めた。ウズベク人は激しく自分の土地を守り、２度にわたってロシヤ軍はタシケントの町を占領した。彼らが守れたのは１８６５年だけだった。

タシケントを占領して、ロシヤ部隊は古い町ブハラとサマルカンド（その当時はタメルランの首都であった）を3年にわたって占領した。ブハラ人の首長（エミール）は自分たちの権力の上に、ロシヤのツアーリがいること、もっとも肥沃な土地を差し出さねばならないことを知っていた。

その後、ヒヴァ汗国の政府が征服された。汗も、自分がロシヤのツアーリに従属しているのを認めていた。この後、コーカンド汗国が戦闘に入った。

好戦的な部族のトルクメンは、12年の間独立のためにツアーリの軍隊と戦った。彼らは自分たちの主な堡塁ゲオックテペから強力なロシア軍部隊を打ち破ったが、ロシヤ軍の破壊的な砲兵陣の攻撃があって、初めて町を譲り渡した。その後、ツアーリの軍隊によりアシハバールが占領された。

十九世紀の終わりには、山岳パミール「世界の屋根」でロシヤは戦争を戦った。

こうして30年にわたって、中央アジア民族の土地のため、ツアーリのロシヤに粘り強く戦われた。

中央アジアでのロシア軍に続いて、ツアーリの官吏や商人が進出した。彼らは人民に重税を課し、土地や所有物を奪い、商取引をごまかし惑わせた。

征服された人民を強奪するのを、ツアーリに買収された汗たち、コサック隊長やムッラー（イスラム教の教師）が助けた。

有益な土地にアメリカ種の綿を植え始めた。木綿は成長するロシヤの織物工場に必要だった。播種により得られた全ての利益は、土地の金持ちやロシヤの工場主の手に落ち、彼らは隷属した貧乏人ウズベク人、トルクメン人、タジク人の労働で儲けた。

中央アジアの人民は、ツアーリの将軍、貴族、資本家の完全な権力の犠牲になった。何度も犠牲になった大衆は叛乱に立ち上がったが、勢いはロシヤ貴族の側にあり、一部の土着の富欲な住民が彼らを助けた。

中央アジアは、ツアーリロシヤの植民地となった。

トルコとの戦争

アレキサンダー二世の治世の終わり（１８７７年）に、ロシヤはトルコと戦争を始めた。この国は、黒海から地中海への海峡を占領することには成功しなかった。トルコとの平和条約によって、ロシヤは黒海の大きな商業港――バトゥーミを貰い受けた。この戦争の結果では、トルコの政府からバルカン半島のスラヴ人（ブルガリヤ人、セルビヤ人、他）及びルーマニアが解放されていた。

ロシヤのトルコに対する大きな勢力の転換にもかかわらず、ロシヤの後進性のため、戦争は大きな犠牲をともなった。戦備の悪い何十万人の兵士はむなしく死んでいった。

42、第一回インターナショナル及びパリコミューン インターナショナル

マルクスとエンゲルスは、1848年のヨーロッパ労働者の革命運動で、やっと自分たちの解放のためのプロレタリアート闘争を始めた。

彼らは、この闘争が難しいことと、ブルジョアはその主人を疎んじるようになるだろうことを知っていた。プロの偉大な首領は、ブルジョアとの闘争をうまく進めるにはプロレタリヤは、その国際的な党派を組織する必要ありと慮《おもんぱか》っていた。このため彼らは、最初の国際プロレタリヤ連合を創設した。

1864年には、労働者代表がマルクスとエンゲルスの提案で参集した時に、「世界労働者

会合」第一回インターナショナルが創設された。第一回インターナショナルを主宰したのはカール・マルクスであった。第一回インターナショナルは各国で労働者活動を統合した。マルクスはこの活動を一つのプログラムに統合するのに尽力した。約10年間、マルクスは第一回インターナショナルを指導し、労働者大衆を組織化した。彼の信奉した助言者は、エンゲルスであった。

マルクスとエンゲルスは、強固に粘り強く労働者階級の利益を守り、プロレタリヤにとって不実で有害な道を示す全てのものと、不断の闘争をすることを指導した。マルクスとエンゲルスは、常に自分を社会主義者と名乗り、実際には資本主義の信奉者である裏切り者や、労働者に、ブルジョア政権を倒さずとも平和的に社会主義を建設できると信じ込ませようとする者をあばきたてた。

マルクスとエンゲルスはまた、常に自分たちを革命家と思っており、労働者の政権の樹立に反対し、プロレタリヤ独裁に反対するものが、大きな損失をもたらしていることを明らかにした。彼らは、労働者階級の敵に対して、資本家のみに都合のよい意見について論評した。

このような見解は、資本主義による搾取で労働者を潰し、プロレタリヤの勢力を弱めようとする資本家にとっては有害であった。

パリコミューン

1870年には、プロシヤとフランスとの間で戦争が始まった。この戦争では、プロシヤが勝利し、フランス軍は破れた。フランスの皇帝、ナポレオン三世と彼の軍隊は捕虜になった。パリでは、労働者とプチブルの市民大衆から革命が始まった。

しかし、権力側にブルジョアがついた。当時パリでは市民の武装軍──「国民近衛兵」が創設され、そこに多くの労働者が加わった。

ドイツ軍は、パリ近郊に迫り取り囲んだ。労働者大隊は自分たちの町を守るのに立ち上がり、死んでも敵に町を渡すまいと誓った。敵軍の環の中で、パリの住民は頑強に4ヶ月半の間町を守った。労働者とその家族は飢えた。ブルジョア政府は、労働者がブルジョアを襲うのを怖れ、まったくの裏切行為に出た。人民への秘密裡に、ドイツ軍とパリ引き渡しについて話し合ったのだ。けれども、労働者は武装したままだったので、ドイツ軍はパリ労働者の巨大な力を見て、あえて町に入ろうとはしなかった。

それを見て、裏切り者を養っていたブルジョアの政府、人民の敵チェールは、兵士の一隊によって労働者から不意に大砲を取り上げようとした。しかし、女性労働者がこの一隊が近づくのに気づき警告した。国民近衛兵は大砲を奪い返した。多くの兵士は人民側につき、そこで2人の自分たちの将軍に発砲した。その時、チェール、閣僚将軍、ブルジョア、投機者、官吏はパリからベルサイユに逃げた。

1871年3月18日、パリの政権は労働者階級の手に移った。労働者階級は、自分たちの政府パリコミューンを作った。パリコミューンのメンバーの数人は社会主義者であったり、第一回インターナショナルのメンバーであった。

マルクスとエンゲルスは、チェールのブルジョア政府がかたまっているベルサイユの攻撃を、コミューンに呼びかけた。けれども、コミューンはそのような手段に出ることを決めなかった。パリコミューンの不決断は、その中に革命に迷ってブルジョアの「善意」を信じている多くのプチブルがいたことを明らかにしている。マルクスは彼らのこの不決断を厳しく批判している。この時には、チェール軍はパリを水も洩らさない環で囲んでいたのである。

コミューンは、逃げたブルジョアの工場を労働者の手に渡した。寺院、修道院は人民クラブに転化された。全ては働く人の状態を良くするのに配慮された。労働者が蒸し暑い半地下の家から金持ちの家へ引っ越す指令書が作られた。

全世界は緊張してパリのプロレタリヤの偉大な闘争を見守った。だがコミューンは包囲されており、彼らはフランスの他の地域から分断されていた。彼らは労働者、農民がブルジョ

パリの広場でチェール軍とコミューンの戦闘の一つ

アに対して同盟するのを承服せず、農民たちを自分たちの側に引き寄せるのに成功しなかった。

コミューンは、装備の良い無数のベルサイユブルジョア政府の軍隊と勇敢に戦った。女性や子供たちは夫と一緒になって戦った。3月21日、チェール軍はパリに押し入った。

ドイツ軍もチェールを助けた。ブルジョアは厳しくコミューンを平定した。何週間もの間に何十万の男女子供が銃殺された。更に多くの労働者を牢獄に放り込み、遠くの島に懲役として送り込んだ。

パリのコミューンは撃滅させられた。コミューンは71日間存在し、長くプロレタリヤの記憶に残った。労働者は毎年、コミューンの英雄が射殺された壁のあるパリの墓地の一角である、コミューンのメンバーの墓に花束を持ちよる。

パリコミューンは、マルクス主義で動揺しない、ブルジョアに反対する能力ある革命労働者ではなかったから破れたのである。また、労働者、農民の支持を得られず、労働者との同盟の意義を理解していなかったからでもある。パリのコミューンの壊滅した5年後の1876年に、第一回インターナショナルはなくなった。

第一回インターナショナルの意義は大きかった。これは、最初にレーニンにより創設された共産主義インターナショナルの見本となった、第一回目の労働者の国際的統合であった。

マルクスは1883年に死に、エンゲルスは1895年に死んだ。彼らの教えは、共産主義のための労働者の戦いに正しい道を開き、べー・イー・レーニン及びわれら共産党の活動の基礎を作った。

43、ロシヤにおける資本主義

資本主義時代の労働者と農民の生活

1861年の改革後、何千もの農民が恐ろしい貧困と無法状態の中で生活していた。彼らの持っていた土地は少なかった。暮らしと税の支払いのため、農民は地主からの土地の賃借

ボルガの舟曳人（レービン画集より）

が必要となり、あるいは彼らから金を借りねばならなかった。地主は農民に、地主の土地において貧弱な馬や道具で、奴隷契約により耕させた。

地主たちはクモのように、農民からあるだけのものを吸いとった。

十九世紀の終わりに、全農民の半分が、馬をまったく持たないかひどくやせた馬一匹しかいない貧農になり下がった。凡人はそれでもなんとか自分の主人を信じた。不作や凶作にあうと凡人は貧乏になり、地主や富農に更に大きく依存するようになり、作男として彼らのために働くことになった。

地主の他にも、富農が農民から搾取し、迫害した。零落した農民は、町に去っていった。町は早く成長して、その中でも工業が発展した。十九世紀の終わりに、ロシヤにはすでに２００万人の労働者がいた。巨大な工業センターができた。ペテルブルグでもニジニノヴゴロッド（今日のゴーリキー市）でも機械製造工場ができ、トウー

労働者が主人に賃上げ要求

ラ、ウヴール、ドネツキーに低地金属工業が、モスクワ、ブラジミール、コストロマ、ヤーロスラブ県には織物工場があった。

これらの場所に、落ちぶれた農民たちが向かっていった。鉄道建設には、多くの労働者を必要とした。

十九世紀の終わりには、ロシヤの鉄道はすでに30000キロメートルに達し、シベリヤを越えて鉄道建設が始められた。

この広いシベリヤの土地には、何十万もの農民の家族が進出してきた。シベリヤの厳しい自然条件の中で、豊かな辺境にするために彼らは忍耐強く働いた。農民たちは、森林深くに入り込んだ。ロシヤの古い領土に零落した農民が入植した。

労働者の生活は良いものではなかった。製造所や工場主は労働者に男だけでなく女性や子供を13〜14時間、一昼夜にわたって働かせた。労働はしばしば17〜18時間にもなった。祝日にも働かせて、休暇はなかった。

このような困難な仕事にもはした金しか払われず、飢えた大衆が工場や製造所の扉の前に立ち、仕事が欲しいと懇願していた。

なにかにつけて労働者から罰金を取り——賃金の一部を差し引いた。工場は不潔で、じめじめしており生暖かく、換気用の小窓さえなかった。

労働者は、狭くて不潔な兵舎に住み、そこでは同じハンモックに、交代で労働者は寝た。一人が起き上がると、その場所に他の者が寝た。

ツアーリ制度のロシヤでは、労働者も農民も同じように不平等であった。工場や製造所の労働者はいち早く団結し、抑圧者に反対して進出していった。彼らの後に、農民たちが続いた。

ナロードニキ

労働者階級の前進的役割のことを、当時多くのロシヤの革命家は理解していなかった。彼らは全勢力は農民にあり、ツアーリや地主の権力から一つの方法、農民の叛乱で自由になれると誤解していた。彼らは労働者との同盟なしに、農民だけでツアーリ制度と地主に勝つことはできないということを理解しなかった。

これら革命家は、1861年の改革後まもなく、ロシヤの多くの都市で政府に秘密で、多くは学生からなる若者の革命サークルを組織し始めた。サークルでは、どのように農民を助けられるかについての問題を熱心に討議した。村へ行くことが決められ（「人民の中へ」と当時言われた）農民に、ツアーリと地主に対して叛乱をと呼びかけた。

こういうわけで、これら革命家はナロードニキと呼ばれるようになった。けれども、農民たちはナロードニキの後に続かなかった。

当時、ナロードニキは、人民の力なしに、自分たちの力だけで闘争を続けようとしていた。彼らはツアーリを暗殺しようとし、秘密結社を組織し、それは「人民の意思」と呼ばれた。彼らは多くの力と時間を、ツアーリの暗殺を準備するために費やした。ナロードニキは1881年3月1日に爆弾を投げ、アレキサンダー二世を殺すのに成功した。

しかし、このことからは何事も生まれなかった。暗殺された一人のツアーリや大臣の代わりに、別のもっと狂暴な者が現れた。ツアーリにはアレキサンダー二世の息子――アレキサンダー三世がなり、その時代には労働者、農民は生活状態がますます悪くなっていった。恐らく「人民の意思派」の革命員全員を、ツアーリの憲兵は追跡し逮捕した。アレキサンダー三世の命により、彼らのうち5人は絞首刑に処せられ、他の者は終身禁錮刑になったり懲役に処せられた。

ナロードニキの失敗は偶然ではない。彼らが選んだツァーリとの闘争の道、テロの方策は誤っており、革命にはたいへん不利だった。

ナロードニキの活動は、自分たちの誘導する革命の役割を労働者階級が理解するのを防げ、マルクス主義労働者政党を作るのにブレーキをかけ、あらゆるクラスの圧政者との戦いについて労働者に誤解を与え、労働者と農民との同盟関係を作るのを制御した。

1887年に、革命家の小さなグループが再びツァーリ（アレキサンダー三世）を暗殺しようと試みたが失敗した。その試みを組織したのはレーニンの兄、アレキサンダー・ウリヤノフとその同志で、憲兵に捕らえられ絞首刑に処せられた。2度目の誤りは同じような失敗となった。

ヴラジーミル・イリヤーチ・ウリヤーノフ（レーニン）は当時まだ17才であった。兄の処刑のことを知って彼は言った。「いや、われわれはその道は行かない。その道には行ってはならない」レーニンは正しかった。組織化された労働者階級のみが、農民と農民の指導者と手

アレクサンドル・ステパーノヴィッチ・ポポフ（1839-1905）

ドミートリー・イワノーヴィッチ・メンデルーエフ（1834-1907）

を結んで、ツアーリ政権や地主に対する勝利をおさめ得ることができる。

ロシヤの学者、作家、芸術家

十九世紀後半には、多くの能力ある学者、作家、芸術家、作曲家が出た。

この時期、ロシヤには偉大な学者が住んでいた。ドミートリー・イワノーヴィッチ・メンデルーエフは、化学で秀でた発見をした。彼は、我が国の天然資源の研究に取り組んだ。イワン・ミハイロヴィッチ・シエチェーノフは、人間の脳の働きを初めて科学的に明らかにした。ニコライ・エゴローヴィッチ・ジュ―コフスキーは、飛行機を作るのに知る必要のある法則を明らかにした。彼は、「ロシヤの航空の父」と名付けられた。アレクサンドル・ステパーノヴィッチ・ポポフはラジオを発明した。

もっとも偉大なロシヤの作家レフ・ニコラーエヴィッチ・トルストイ（トルストイ）は、コーカサスの山で砲兵に志願し、セバストポールのクリミヤ戦争に参加したまだ若い時に作品を書いた。

トルストイは軍から退役して自分の領地「ヤースナヤ　パリヤーナ」（トウリヤ市の近く）に定住するようになった後、更に大きな作品を書き始めた。

彼の主作品「戦争と平和」では、1812年のナポレオン一世とロシヤとの戦争について、明るい芸術的な形で語られている。自分の作品の中でトルストイは、農奴制時代と資本主義機構での地主の生活を書いている。その人生の終わりに彼は、1861年の改革以後の絶望的な農民の状態を書き始めている。トルストイは、革命側にはいなかった。けれども彼は農民の苦しい生活を見て、ツアーリの官吏、地主、資本家の気まぐれを鋭く批判した。

同じ頃、偉大なロシアの芸術家イリヤ・エフィモーヴィッチ・レーピンとワシーリー・イヴァノーヴィッチ・スリコフがいた。

レーピンは、ウクライナの兵士の一家に生まれて、子供時代より絵を画くことが好きだった。スリコフはシベリヤでコサックの家族に生まれた。レーピンとスリコフはよく農民の生活を

レフ・ニコラーエヴィッチ・
トルストイ（1828-1910）

イリヤ・エフィモーヴィッチ・
レーピン（1844-1930）

知っていた。自分たちが人民の出だったからである。彼らの絵は、全世界に知られている。

十九世紀の後半には、偉大な音楽作品を生んだ偉大なロシヤの作曲家、ムソログスキー、リムスキー・コルサコフ、ボロジン・チャイコフスキーがいた。

ムソログスキーはオペラ「ボリス　ゴドノフ」を作り、リムスキー・コルサコフはオペラ「雪娘」と「サドコ」を作った。彼らは自分たちのオペラで、ロシアに生きる国民歌を広く利用した。これら全ての美しい作品は、今日でも聞くことができる。

44、70年代～90年代の労働者の活動とレーニン

最初の労働者の同盟

まだツアーリアレキサンダー二世の時代、労働者は資本家との闘争を始めた。労働者は共同で、工場あるいは製造所の主人に、労働者の状態の改善についての要求を提出し、主人たちがこの要求を満たさない限り、仕事を拒絶するとした。

うまく資本家と闘争するために、労働者は同盟して団結し始めた。

最初の「南ロシア同盟」が1875年にオデッサに起こった。同盟は専制との闘争に備え、労働者に、革命のための闘争に参加するよう呼びかけた。けれどもそれに参加した者は、すぐに逮捕された。その指導者ガスラーフスキーは懲役刑に処され、彼はそこで死んだ。

ペテルブルグでは、3年にわたって「ロシヤ労働者北部同盟」が組織され、その首領には指物師のハルトゥーリンと金属工オブノルスキーがなった。

この同盟は、労働者のストライキに関与することを受け入れ、それを指導した。ツアーリ政府は、この労働者の同盟も潰した。

けれども、労働者の活動は、更に新しい地域を仲間に入れた。労働者の暮らしは過酷で、更に資本家が搾取した。

モロゾフ工場のストライキ前の労働者の協議

工場主モロゾフは、情容赦なく自分たちの労働者に罰金をかけた。罰金として、モロゾフは給与の1／3を彼らから没収した。

1885年には、8000人のモロゾフのオレホボズエーベ織物工場の労働者は、この略奪に耐えきれずストライキを宣言した。工場は停止した。

このストライキは早くから組織されていた。進歩的な労働者のモイセエンコがストライキを指導し、彼は「ロシヤ労働者北部同盟」のメンバーであった。自分たち織工同志のグループと一緒に、工場主に対して要求書を書き、労働者は秘密の協議会でこの要求を決定した。

モロゾフは労働者の要求実行を拒否し、指導者の一人を逮捕した。織工のグループ

ゲオルギー・バレンチーノヴィッチ・
プレハーノフ（1856 ～ 1918）

は力で逮捕された同志を解放した。モロゾフは工場に軍隊を呼び込み、軍隊は労働者を潰した。ストライキをした６００人は逮捕され、そのうち何十人かは裁判にかけられた。

このようなストライキは、ロシヤの多くの工場で起こった。次の年ツァーリ政府は、労働者の活動の役割、及びストライキに驚いて法律を制定し、それによって工場主は、厚かましく労働者の賃金を削ることができなくなった。

労働者は、闘争を組織化することで多くのことを勝ち得ることがわかった。マルクス及びエンゲルスの教えと共に、ロシヤの進歩的労働者は初めて労働者サークルと同盟について知ることになった。

「労働解放」のグループ

ロシヤでは同じ頃、プロレタリヤ革命人であるマルクスの教えの賛成者たちは、革命活動

レーニン　学校で

での指導的役割がプロレタリヤのものであると考えた。

このような革命家の一人はゲオルギー・バレンチーノヴィッチ・プレハーノフで、ロシヤでのマルクス主義の最初の宣伝家である。

プレハーノフは外国に出かけ、1883年に革命マルクスグループ「労働の解放」を作った。グループはマルクス及びエンゲルスの作品をロシヤ語に翻訳し、それをロシヤに拡げた。グループは、ナロードニキの教えとその闘争方法は労働にとっては大きな害であると教えた。

ロシヤでは、サークルが急速に発達し出したが、そこではマルクスの作品が教えられた。しかし「労働の解放」やこれらのサークルは、まだ労働運動と結びついていなかった。

このことを成し遂げたのはレーニンで、彼はボリシェビックの党を組織し、労働者階級や農民をツアーリ政府、地主、及びブルジョアとの闘争に導いた。

ベー・イー・レーニン　ペテルブルグでの労働者委員会（1890 年代）

ベー・イー・レーニン――労働者階級の指導者であり、ボリシエビズムの創始者

ヴラジーミル・イーリッチ・レーニン（ウリヤーノフ）は、1870年にシンビルスク（今のウリヤノーフスク）の町に生まれた。学校では、彼は抜群に勉強した。

レーニンは、17才でカザン大学の学生となったが、まもなく学生の革命運動に参加したために追放された。当時彼は、全大学教程の試験の受験を準備していた。これらの試験に彼は受かっていた。

カザンでは、レーニンはマルクス主義のサークルに入り、マルクスとエンゲルスの論文を学び、その知識で皆を驚かせた。

1893年には、レーニンはペテルブルグに移住し、ここでサークルを作って労働者と仕事をするようになった。

レーニンは、ペテルブルグであらゆる労働者サークルを「労働者階級の解放のための闘争同盟」に統合し、きわだった革命労働党の創設を準備した。彼の申し出により、同じような同盟が他の都市でも組織された。

レーニンはナロードニキとあらゆるテーマで、マルクスの教えを誤って教えた者たちと仮借なく戦った。レーニンは、労働者の生活の細部を探求し、労働者のために粘り強い資本家との闘争を呼びかけて、パンフレットや本を書いた。

ベー・イー・レーニン（1890年代）

ツアーリの探偵は、レーニンを逮捕するのに成功した。彼は長い間牢獄につながれ、それから3年間シベリヤに送られた。

レーニンにより組織された「闘争同盟」は、党に統一する最初の試みとなった。この狙いで、ロシヤ社会民主主義労働党の第一回総会が1898年にミンスク市で創設された。

しかし、党をこの総会で創設することは成功しなかった。

流刑より帰って、レーニンは外国に行き、最初のマルクス系新聞を発刊し始めた。その新聞は「イースクラ」と呼ばれた。

「イースクラ」紙は薄いタバコ紙の上に印刷されたが、それはいろいろな秘密手段で新聞を外国からロシヤに運び込むためだった。

レーニンは、「イースクラ」紙に、労働者に専制政府と資本家と戦うため、革命政党として統合するよう呼びかけ論文を書いた。

レーニンの「イースクラ」は、ボリシェビックの党を創設する準備となった。

労働者の闘争は燃え出し、まもなくロシヤの辺境をとらえ、その中に外コーカサスがあり、前世紀の90年代の終わりからレーニンの弟子、スターリン同志をその役割に導いた。

X　ロシヤにおける最初のブルジョア革命

45、革命の前夜

オブホーヴスキー守備隊及びロストフのストライキ

二十世紀の初めから労働者の革命闘争が強まった。労働者はストライキを準備し、街頭デモに出て資本家とツアーリ政府に対して闘争に立ち上がった。この時期には、ニコライ二世がツアーリであった（彼は１８９４年にツアーリの位についた）。

１９０１年には、ペテルブルグで５月１日の祝日（全世界の労働者の祭典）に、軍需工場オブホーヴスキーがストライキに入った。彼らは自分たちの要求を首脳部に突きつけた。呆然自失した管理者はどうしてよいかわからず労働者にたずねた。「だいたい君たちは、われわれだけでなく大臣の免職も要求しているのか？」――「大臣だけではないツアーリそのものだ」とストライキをしている人は彼らに答える。

工場の首脳部は、労働者を鎮圧するために警察軍隊を呼び込んだ。しかし、工場のストライキ参加者、及びその周辺の人はバリケードを建設し、到着した鎮圧者は石や鉄片を雨あれのように受けた。警察と兵士は射撃を開始した。数時間、労働者は軍隊と戦っていた。

多くの労働者が殺されたり重傷を負ったりした。この労働者の闘争は、オブホーヴスキー

ストライキをした人々の解散

守備という名称をつけられた。約800名の守備に参加した者は、逮捕され多くの者は長期にわたって禁固されるか懲役に送られた。

オブホーヴの英雄のニュースは全国に拡がった。果てしないロシヤの辺境で労働者が闘争に立ち上がった。


1902年には、ドン河のロストフの町で鉄道員の大きなストライキが起こった。そのストライキに、他の工場労働者が加わった。労働者のストライキや集会を、ロシヤ社会民主労働者党委員会が指導した。委員会メンバーは公然と集会に出席し、労働者に毅然とした粘り強い闘争をツアーリ政権に勝利するまで行うよう呼びかけた。町の外では、労働者の集会に多くの日が費やされた。

これらの集会には、ドンのロストフの

３０００人の労働者が会合した。警察やロストフ地方軍は、ストライキ参加者に何もすることができなかった。

ロストフの政府はストライキを抑えるために、近隣の町々からコサックを呼び込んだ。そのことで、ストライキは中止された。ロストフのストライキで、ロシヤの労働者クラスは今や公然とツアーリ政権と政治闘争に立ち上がることを示した。

農民運動

労働者に続いて、農民たちが立ち上がった。１９０２年の春及び夏、ウクライナとボルガ沿岸で、農民闘争が３００の村落を巻き込んだ。農民は地主の領地を落とし、地主のパンは飢えた者に分けられ、地主の土地は奪われた。

農民に対して軍隊が送られた。農民に銃が撃ち込まれ、彼らを笞で死ぬまで切りきざんだ。１０００人の農民は逮捕され、牢獄に閉じ込められた。農民の活動は鎮圧された。農民たちは、地主たちに勝つためには何よりも、ツアーリの政権を負かす必要があることをまだ理解していなかった。

レーニンは、雑誌「イースクラ」に農民が労働者と一緒になってツアーリ政権に対して闘争を行うこと呼びかけた。しかし、農村におけるイースクラの側の社会民主党員の仕事を、二十世紀始めに出現した社会革命党が妨げた。

この党は、農民を保護するふりをして富農の利益を保護し、ナロードニキの間違ったプログラムを行おうとしていた。レーニンは社会革命党に対して根気強い闘争を行った。

ロシヤ社会民主主義労働者党の創設

レーニンの「イースクラ」は、自分たちの周りに欠落のあるロシヤの社会民主主義機構を作っていった。すなわち初期の段階で成就できなかったこと――革命的プロレタリヤ政党を作ることに今や成功したのである。

1903年には、外国ではひそかにロシヤ社会民主労働党の第二次集会が召集された。ロシヤの各都市から43人の代表者たちが集会に参加した。集会では、ベー・イー・レーニンによって作り上げられた党の運動方針が取り上げられた。

その中では、労働者階級の党の主要課題について語られた――社会主義革命組織、プロレタリヤ独裁の制定、社会主義の勝利など。けれども主要な問題解決の実現のためには、運動方針は党が全てに先んじてその課題の最優先事項――ロシヤでツアーリ専制を引きずり降ろし、民主的な共和制を打ち立て、労働者に一日8時間の就労制を制定し、農村では農奴制度の名残りを廃止し、土地を農民に与えること――を達成せねばならぬことが語られた。

これらの大きな課題の実現のために、レーニンは党の中では労働問題に対する粘り強い闘士、労働者階級の信頼できる友人を育て上げようと要請した。レーニンは、党は労働者階級の前衛でなければならないし、そのメンバーは革命に献身的でなければならぬと語った。

レーニンは党のメンバーとして、その運動方針を掌握し、個人の働きについてもその組織の一人として参加できるような人間であることを要請した。レーニンの要請に対して、モロトフとトロツキー他の数人の代表が名乗り出た。彼らは何よりもまず党に協力を示し、実行できる全ての希望者を取りたてるよう申し出たが、その組織で是非必要な作業、すなわち党の規律を取り上げることを要請しなかった。

このような要請は、労働者クラスの指導者としては、ぐらぐらした党に敵意ある人がブルジョアから入り込んで党を弱めるという懸念から起きた。

レーニンは、モロトフやトロツキーにより先導された、敵対者ツアーリ主義と闘争するようには、農民と同盟を結ばず、ブルジョアとも結ばないことを労働者に要請した。レーニンは、モロトフやトロツキーの提案する害を暴き、労働者階級は決してブルジョアと同盟してはならないこと、ブルジョアは労働者を裏切ることを立証した。労働者はブルジョアとではなく、革命的農民と一緒になってツアーリや地主に対して戦う必要がある。レーニンとその側近はツアーリと地主を引きずりおろした後、ゆっくりと資本家と社会主義のために闘争を始める立場に立った。

集会は、党中央委員会と新聞「イースクラ」の編集を選んだが、それに労働党を指導するように依頼することにした。中央委員会と「イースクラ」の編集には、レーニンの側近が選ばれた。彼らは集会で多数派の声に受け入れられ、そのために彼らはボリシエビキーと呼ばれ始め、集会での小数派はメンシエビキーと呼ばれた。ロシヤの社会民主機構の多数派は集会の後、ボリシェヴィックを支持した。

第二集会では、同志スターリンはいなかった。彼は牢獄にいたのである。

１９０４年に、彼はシベリヤ追放から逃れ外コーカサスの労働者のボリシェビックを指導した。前衛的な労働者は、強固にレーニンとスターリンを信じた。このような労働者は、当時多くいた。

ロシヤ社会民主労働党の指導の下、１９０３年夏、ウクライナやコーカサスの大都会で最初の労働ゼネストが起こった。全ての工場、製造所が止まった。労働者は道路や広場に集まった。演説者は革命の演説をした。労働者は行進や社会主義のためのプロレタリヤの闘争の象徴である赤旗と共に示威行進をした。町に軍隊を集結させて、ツアーリ政府はこれらのストライキを鎮圧し、けれどもストライキはその活動を示した——それら革命を早く進めた。

46、革命が始まる

日本との戦争

ツアーリ、ニコライ二世は、あらゆる方法で革命の息の根を止めようとした。ツアーリの側近はずっと以前から企んでいた日本との戦争を早く始めようと進言していた。彼らは、戦争は革命を阻止すると考えた。

「革命より戦争の方がよい」ニコライ二世の宮中の取り巻き連中が進言した。

けれども、日本側が戦争を始めた。1904年1月に全面戦争宣言をせず、日本は背信的に海にロシヤが建てていた――ロシヤ艦隊が停泊する旅順を攻撃し、ほとんどの船は地雷で爆破された。

日本はその島から海を渡り、満州へ軍隊を運んだ。よく装備し訓練された日本の軍隊は、装備の悪い、収賄者で泥棒だった無能な将軍の率いる遅れた軍隊を破り始めた。

日本人は旅順要塞を占領し、奉天でツアーリの軍隊を敗北させた。狭い対馬海峡で日本軍はバルチック海より送られたツアーリロシヤの最後の艦隊を撃滅した。

戦争に敗れたツアーリ専制政府は、日本と不名誉な平和条約を結んだ。日本はロシヤより樺太の半分、旅順をとり朝鮮でしっかりと腰を据えた。

1905年1月9日　冬宮の広場で数百人の労働者が撃たれる

血の日曜日と最初の労働者代議士委員会

失敗した日露戦争で、人民のツアーリ政権に対する憎悪が強まった。戦争は革命を阻止せずそれを加速させた。

1905年1月の初め、ペテルブルグでプチロフスキー大製造所（今のキーロフスキー）がストライキをやり出した。

まもなく、ペテルブルグでゼネストが始まった。製造所では、激しい寄り合いや集会が行われた。労働者は自分たちの困窮状態と、不平等な状態から抜け出す方法を求めた。彼らは一日8時間労働、組合結成の自由、出版言論の自由の要求を提案した。労働者はまた、地主の土地を農民に渡すよう、ロシアにおける政府機構を変更するための設立集会の召集を要求した。

農民は地主の所有物を盗る

ストライキの数ヶ月前、労働運動との闘争のために、ツアーリ政府の下でガポンの指揮による「労働者共同体」が創設された。ストライキが始まった時ガポンは、自分の共同体の集会で、労働者にツアーリへ行進を組織し請願をするよう説得した。この請願に、労働者は自分たちの全ての要求を盛り込んだ。

ボリシエビキーは労働者にガポンの言うことを聞かないように説得した。「自由も土地もツアーリに対する請願では得られない」と彼らは語った。

これは、ロシヤにおける労働者代議員の最初の評議会の一つであった。毎日、多くの労働者を呼んでのこの評議会は召集された。労働者の集会では、ボリシエビキーが評議会の頭となって進出してきた。群集はむさぼるように、演説者の革命演説を聞いた。労働者の英雄的な闘争は、2ヶ月以上も続いた。労働者とその家族は飢えていったが、しかし屈することはなかった。ツアーリに任命された知事の命令に従って、軍隊は労働者に発砲し出した。遂には、労働者の力は尽きた。労働者4万人集会の評議会の提案で、ストライキ中止が決定された。ストライキは労働者の結束を強くし、更に未来の強い闘争を準備することになった。

農民の運動

1905年の春から、農民の叛乱が始まった。ロシヤの中央部とボルガ河畔では、農民は土地や森を奪い地主の倉庫より穀物を運び出し、それを飢えた人の間で分けた。彼らは地主の邸を燃やし、分け前を要求し多くの場所で地主の土地を奪った。驚いた地主はその所有地を、軍隊や警察の警備を受けながら逃げた。軍隊は農民に発砲し、徴役に処し、鞭打った。けれども農民は、町の労働者の支援を受けて闘争をやめなかった。農民運動は、毎日拡がっていった。

グルジアでは、農民は地主の賦役につくことをやめた。多くの場所で彼らは土地や牧場、森を奪い、いかなるツアーリの権力も認めなかった。農民は自分で事件を解決した。

ラトビア及びエストニヤで、1905年の春と夏に雇農が立ち上がった。彼らは武装し、革命農民委員会を組織した。この組織に頼って彼らはラトビアやエストニヤの村から地主――ドイツの貴族を追い出した。

ウクライナや白ロシヤの農民たちは、ツアーリ政府と地主との闘争に立ち上がった。

ロシヤ社会主義民主労働党の第三集会

ロンドンでは、1905年4月に、レーニンの頼みでロシヤ社会民主労働党第三集会が創設された。当時、党では全員で8500人のメンバーを数えるようになった。集会では党のボリシエビキー委員会の20の代議員が脱落した。メンシエビキーは、集会の作業に参加することを拒否し、集会には現れなかった。

レーニンは集会で、革命勝利には労働者と農民との評議会を作り強化し、武装蜂起を始め、ツアーリを引きずり降ろし労働者と農民の革命政権を作る勢力を統一するなどが必要であると話した。農民は自らの革命委員会を作り、あらゆる買い戻し金なしに地主から全土地を取らねばならない。労働者は、この農民の闘争を主導し支持せねばならない。

レーニンは更に、ツアーリと地主の政権を倒した後、ボリシエビキーは労働者と貧困な農民を資本家と富農との闘争に、また社会主義革命への闘争へと導かねばならぬと語った。

第三集会は、これらレーニンの提案を全て受け入れた。代議員はロシヤに帰り、大きな勢力で集会の決定を実生活に取り入れ始めた。

同時に、レーニンと一緒に外コーカサスで働いていたスターリンが革命勝利闘争を指導した。スターリンはここでボリシエビキー委員会を強化し、ボリシエビキー集会を準備し非合法の印刷所を作り労働者に宣伝文を書き、革命労働者農民を合体させ、武装蜂起の準備を指導した。スターリン同志は労働者と外コーカサスの勤労者、全ロシヤを一つの家族に合体させることに力を費やした。

47、武装蜂起の準備

軍艦「ポチョームキン」の蜂起

革命は軍隊に飛び火した。1905年6月に黒海にあった戦艦「ポチョームキン」上で急に水夫の叛乱が起こった。

戦艦は、オデッサから離れていない場所で停泊しており、そこでは労働者がストライキをしていた。水夫たちはオデッサでの事件を知っていたし、たいへん興奮して労働者を助けに闘争に立ち向かうことを熱望していた。このことは彼らを闘争に駆り立てた。

けれども、食事の時に水夫の誰かが叫んだ。

――皆、ボルシチの中にみみずが浮いてる――。船の士官たちは水夫たちに腐った肉を与え、金は自分たちで着服していた。

ボルシチの中にみみずがいたことは、水夫たちに火をつけるのを促進した。水夫たちの間で不満が頂点に達した。船長が現れ、水夫たちに解散するよう命令した。水夫たちは聞かなかった。艦長は30人の水夫を逮捕、銃殺するよう命令した。水夫たちの間では怒りとくやしさが煮えたった。水夫マチューシェンコの呼びかけで彼らは武装し「悪者を討て!」と叫んで憎むべき士官たちに飛びかかり、彼らを殺し舷外に放り出した。

1905年6月　戦艦ポチョームキンでのストライキ

「ポチョームキン」上で赤旗が

上がった。ツアーリは「ポチョームキン」の鎮圧のために軍艦を派遣したが、それらの船の水夫たちは、蜂起し、戦艦ポチョームキンに銃撃することを拒んだ。けれども、石炭や食料なしには長く持ちこたえられず、船には十分経験あるボリシエビキーの指導者がいなかった。

ポチョームキン乗組員はルーマニヤに去ったが、そこの政府に降伏する必要があった。「ポチョームキン」での叛乱は成功しなかったが、そのことは労働者を勇気づけた。彼らは艦隊や軍隊が革命側に味方し始めたのがわかった。

10月のゼネスト

１９０５年の秋に、革命運動は全国をとらえた。毎日多くのストライキを行った者は、新しい工場製造所の労働者を満足させた。労働者は街路で集会を開き、しばしば彼らを追い出そうとした警察や軍隊と戦闘に入った。

10月の始め、モスクワの鉄道でストライキが始まり、まもなく全国鉄道をとらえ始めた。郵便事業、電信事業は止まった。

闘争では、生徒、医者、教授、学生が労働者に加わり始めた。イリコフ及びエカチエリスラフ（今のドネエプロペトロフスク）では、労働者はバリケードを建て始め、武器、火薬庫を破壊し、軍と警察との銃撃戦を始めた。

多くの町で、ボリシエビキーの指導の下、労働者職業協議会（プロフサユーズ）が組織された。大工業の中心地には、労働代議員の協議会が創設された。これは労働者、新しい革命政権の極致であった。多くの労働者協議会があらゆる方法で武器を獲得し、労働者に軍事を教えて叛乱に備えた。多分あらゆる大工場、製造所でボリシエビキー党組織があるところに戦友が集められ組織された。ツアーリ政府は軍隊に「実弾をけちるな」という命令を出し、ストライキ参加者に仮借なく銃弾を浴びせた。

多くの町では、軍隊は労働者に向けて発砲し、集会を追い散らした。労働者は武装蜂起を始めることはまだできなかった。武器を持った戦友はたいへん少なかったが、ツアーリ側にも革命運動を抑える力がなかった。その軍隊にも革命分子がにわかに生まれ始め、兵士たちは公然と革命に同情を示すようになった。軍隊の中にいた労働者ボリシエビキーを助け、彼らはこっそりと自分たちの宣伝活動を拡げて兵士たちに革命に加わるように呼びかけた。日本との戦争でツアーリが敗北したことがこれを助長した。

革命の発展によって困乱して、ツアーリニコライ二世は10月17日宣言書を発布した。宣言書で彼は、人民に自由を与え、国会を住民からの代表で、ツアーリと共に全ての国事を議決するために議会を創設することを約束した。10月17日の宣言書は、公然とした欺瞞であった。ツアーリ政権は権力を集中し、革命を血で洗うように時を稼ぐ必要があった。自由宣言書にもかかわらず警察は集会を解散し、労働者とそのボリシエビキーの指導者を逮捕し、殺し続けた。モスクワではツアーリのポグロムの組織者が、有名なボリシエビキー、モスクワ労働指導者——ニコライ・エルネストラヴィッチ・バウーマンを殺害した。バウーマンの葬式で、彼の棺の後にボリシエビキー党モスクワ委員会を頭として、モスクワの労働者10万人が従った。

1905年11月、外国よりレーニンがやって来た。彼は労働党で勤労闘争を指導した。その頃、外コーカサスでスターリンはまた強固に、レーニン風にツアーリとその従者との闘争に向けて勤労者を準備させた。彼は、メンシエビキーが武装蜂起の準備に反対していることを暴いた。スターリン同志がトビリシの都市労働者に「何が明確な勝利に必要か？　このためには三つのことが必要である。よく理解して覚えておくがよい。我々に必要なのは第一に武装であり、第2に武装であり、第三に更に更に武装である」と語った。

1905年12月に武装蜂起についての問題が、ボリシエビキーの会議で討議された。

ここで、レーニンとスターリンは初めて顔を合わせた。これまでは彼らは手紙のやりとりや同志たちの関係を続けていた。

48、12月の武装蜂起

モスクワ労働者の武装蜂起

1905年12月7日、モスクワでゼネストが始まり急速に武装蜂起に変わっていった。事前にボリシエビキーにより指定された時間に工場、製造所、鉄道が止まり、電気が消えた。新聞は出版が止まった。労働者は武装し始め、戦闘隊が生じた。警察や軍隊は労働者の集会を解散させて、隊員が集まった家に銃弾を撃ち込んだ。ブロンナヤ通り、トレベッカヤ通り（今のゴーリキー通り）や駅やグジョン工場（今の「鎌と槌」）ではバリケードが築かれ始めた。まもなく、モスクワの多くの通りは荷馬車、貨車、樽、箱、街燈で覆われた。これら全ては道路のまんなかに倒されておかれ、電気や電車の電線が巻きつけられた。ツアーリの騎兵隊や騎馬警察隊はこれらの障害物を越えて進むことはできなかった。多くのバリケードからは、労働者の戦闘隊員が実弾をこめた奉銃が軍隊に向けて発砲された。モスクワの街路では、数日間絶え間ない撃ち合いが続いた。モスクワを助けるために、他の場所から戦闘隊員が急行した。イワノボ・ボズネセンスクから仲間の労働戦闘員と共に、勇敢なボリシエビキー、エム・ベー・フルンザがやって来た。

農民たちも、モスクワの労働者にパン、ジャガイモをカンパし、時にはバリケードの戦闘員の列に立った。戦闘の中心は、プレスニヤ（モスクワの労働者地区）になった。

戦闘隊の先頭に、ボリシエビキーが立った。プレスニヤは彼らの指導の下、ツアーリの軍

1905年12月にモスクワで労働者がバリケードで戦う

隊に対し10日間も抵抗した。これはプロレタリヤの要塞で、そこでは権力は蜂起した労働者のものだった。プレスニヤの労働者は、勇ましくその地域にとどまった。労働者をその妻たちが助けた。彼女らは負傷者に包帯を巻き、彼らに食事を与えた。青年たちは大きな勇気を持つという点で抜きんでていた。彼らは偵察に行き、バリケードなどを助け、軍隊と闘った。

粘り強くツアーリの軍隊と戦ったのは、コーカサス鉄道の労働者たちであった。

モスクワの人民の叛乱に対して、軍隊は不足していた。ツアーリはモスクワに2連隊の兵士を派遣した。

大砲と機関銃の助けによって、やっと叛乱者を鎮圧するのに成功した。モスクワを鎮圧したのは、ドヴァーソフ将軍であった。12月18日、戦闘隊はバリケードに残り、武器を秘密の倉庫に隠した。モスクワでは、1000人以上の人間が殺された。町では大砲の弾でひきおこされた火が数日間にわたって燃えた。街路には、死んだ労働者、女性、子供の死体が転がっていた。多くの革命戦士はツアーリの軍隊に銃殺され、絞首された。

このようにして、ツアーリの死刑執行人は蜂起したモスクワを鎮圧した。

武装蜂起の時。レーニンはペテルブルグにいた。ボリシエビキーの中央委員会は、労働者をペテルブルグで蜂起させるようあらゆる方法をとった。しかし、ペテルブルグ評議会に居坐るトロッキーが主宰するメンシエビキーは、モスクワでの武装蜂起に賛同しなかった。メンシエビキーとロシヤ社会革命党員エセルは、労働者の革命を破壊した。彼らはツアーリ政府と革命鎮圧に通じていたブルジョアを支持していた。ペテルブルグで始められた12月のストライキは、武装蜂起を喚起せずに終わった。

農民と地主との闘争

革命の後、恐らくロシヤ全土にわたって、労働者の影響を受け、ボリシエビキーの党の呼びかけで、農民は自分たちを虐待する地主に対して立ち上がった。恐らくロシヤの全ての県は、農民運動に巻き込まれた。7000以上の農民の示威運動が、革命闘争の3年間に行われた。農民は地主、僧院から土地を奪ったり、地主と僧院の森を切って燃やした。サラトフ県のあるところでは、1905年の秋と冬に、300の地主の所領地を農民が滅ぼした。農民は警察、村長を追放し自分たちで選んだ政府を立てた。更に前進的な農民は、農民同盟に統合されていった。ボリシエビキーはこのことで、彼らを助けた。ツアーリや地主は討伐隊を送り込み、農民の蜂起を鎮圧した。

ロシヤの被圧迫民族の武装蜂起

外コーカサスでは、労働者農民は同志スターリンの指導の下、勇敢にツアーリの軍隊と戦った。全グルジヤは叛乱に包まれた。グルジヤでは大量のツアーリ軍隊が投入された。一度ならず、グルジヤの労働者と労民は彼らと戦闘を交えた。

1905年12月、グルジヤで多くの町や村がツアーリの軍隊に火をつけられ、かがり火のようにあかあかと燃えた。

ウクライナでは、最初の武装叛乱の炎上は10月のストライキの時に始まった。更に大きな叛乱が1905年12月にドンバス、ゴルローフカとルガンスクで起こった。工場労働者及び炭鉱労働者は、数日間ツアーリの軍隊と戦った。ルガンスクの労働者を、当時鍛治屋だったクリン・ボロシーロフが指導した。
フィンランドでは、労働者は自分たちの武装赤軍親衛隊を創設した。赤衛軍はツアーリの警察の武装解除をした。憲兵、警察、ツアーリの官吏はフィンランドでの勤務を投げ捨て、ロシヤに逃げ帰った。

フィンランド人民は、自分たちの政府を選んだ。フィンランドのブルジョアは労働者の革命運動の勢力に驚いて、ツアーリとの協調に走り労働者を裏切った。労働運動はまもなく厳しく鎮圧された。赤衛軍は滅され、政府は解散させられた。
被圧迫民は憎むべきツアーリ政府に反抗して戦った。けれどもこの民族のブルジョアは、ロシヤがそうであったように、革命そのものに対してはツアーリ政権と同盟を結んでいた。労働者や農民は、今回はたじろいだ。ツアーリ、地主及びブルジョアは彼らより強かった。革命に労働者、農民の血を注いで全ロシヤ人民と勤労者になじませ、新しい闘争に、緊密で偉大な同盟関係で統一させていった。

1905年の革命は、全世界にこだまし始めた。これは、1871年のパリコミューンの後の最も強力なプロレタリアートの闘争となった。

西ヨーロッパにおけるロシヤ革命の影響を受けて、大規模なストライキ活動が始まった。トルコでは、勤労者は自分たちのサルタンを、イランではシャーを、中国では皇帝を倒した。中国では、共和国が設立された。

49、革命の敗北
革命運動の鎮圧

蜂起した人民を血でもって鎮圧したにもかかわらず、革命は続いた。1906年には労働者のストライキや、農民や兵士、水夫の進出が続いた。特に1906年7月の水夫の叛乱は、クロンシタートとスベアボルグで顕著であった。何千もの水夫が叛乱に立ち上がり、士官を殺し、各地の要塞の堡塁で自らの政権を打ち立てた。けれども、水夫はあまりよく組織化されず、ツアーリの士官たちは叛乱を鎮圧した。政府は4000人以上の水夫を逮捕した。

ツアーリ政府の首相ストルイピンは、革命家を仮借なく根絶するための法律を発布した。1906年から1909年にかけ、この法律に従って2000人以上の人間を絞首刑に処し、徒刑に送り出し、追放し、25000人が牢に閉じ込められた。10万人ぐらいの革命家が銃殺され、裁判なしに虐殺された。逮捕された革命家をあざけり、拷問台で苦しめ、爪に針を叩き込み灼熱の鉄で焼き、飢えでさいなんだ。ストルイピンは特に強く、ボリシエビキーに

追放された一団は次々にシベリア送られた

ぶつかった。労働運動に身を捧げた幾千の労働者を、絞首刑や徒刑で滅ぼした。

多くのボリシエビキーの党の組織は粉砕され、労働者代議員評議会は破壊され、職業同盟や農民組織は閉鎖された。

国会

革命運動を抑圧するために、ニコライ二世は１９０６年に国会を創設した。国会の選挙の法律によると、地主や資本家は、労働者や農民より多くの代表を送り込む権利を持っていた。女性の権利はなかった。こうしたことが、ツアーリの憲法であった。

しかしこの憲法を、ツアーリはまもなく破ってしまった。ツアーリにより召集された、第一、第二の国会は、議員がツアーリやその閣僚の言うことに耳を傾けていないという理由で解散させられた。特に第二回の国会を、ツアーリは好まなかった。その時には、多くの農民及び労働者の代表が選ばれていたからである。その中に、社会民主主義の党員が65人もいたからでもある。農民及び労働者は、自分たちの議会でツアーリ政権の全てのふらちな行為、議会の人民の欺瞞を暴露した。ツアーリは国会解散を命じた。

ツアーリ官僚は、国会選挙についての新しい法律を制定した。労働者、農民の権利はますます少くなった。国会での選挙権は、シベリヤや中央アジアの全人民には与えられず、コーカサス及びポーランド人民の権利は縮小した。

１９０７年秋に第三回国会が召集された時、ペテルブルグで会議が行われた。タブリーチエスキー宮殿の議席は地主、商人、工場主、将軍、金ぴかの軍服を着たツアーリの高官でくまなく占められていた。

わずかな場所を労働者、農民、ロシヤの被圧迫民の代表が占めていた。

国会は、古い秩序を変えようとはしなかった。従来通りツアーリを頂点とする貴族がロシヤを統治し、ロシヤを搾取していた。

第三議会は土地に関してツアーリの首相、ストルイピンの法を決めた。地主の全土地はそのまま彼らのところに残った。農民たちは、それまで所有していた土地の中で、新しい取り決めによる土地を与えられただけで満足しなければならなかった。以前は農民の多くは土地を共同で所有し、時と共にこの共有土地を自分たちの間で労務者の数により分けるようにしていた。ストルイピンの法律は、土地の共有を廃止した。

おのおのの農民は、自分の持分の土地を個人の所有にし、共有地から分けられた土地を受け取り、自分の用地の主人になるように提案された。農民の共有からの分割を独立農家、または分与地と呼んだ。

役畜や財産、税金を支払うための現金を持たない貧しい農民たちは、自分たちの持分地を富農、すなわち金を持った農民に売った。ツアーリ政府はこのようにして、目的を達したのである。

彼らはツアーリの政権を守るより、小地主を作りたかったのである。

100万以上の貧乏な農民は、土地を完全に失い破産した。不満な農民たちを、政府はロシヤの辺境に住む人たちの土地に移住させた。土着の人たちは、生まれた土地から荒地や山へ追われた。

革命後の国の主人

革命を鎮圧するのに、外国の資本家がまたもツアーリ政府を助けた。彼らは革命までにロ

金属工場

シヤで鉱石や石油、石炭を産出する地所をすでに買っており、工場や製造所を建設していた。

フランスとイギリスの銀行家は、ツアーリ政府に多くの金を借金として与え、それは鉄道、軍隊の建設、ツアーリ官吏の扶養のために使われた。

ロシヤの革命は、外国資本家を資本やロシヤで受け取る巨大な収入を失うのではないかと脅えさせた。

更にロシヤの革命までは、資本家は商品の値を上げるためや労務者をすばやく懲罰するための同盟に統合されていた。

このような資本家の統合は、トラスト、シンジケート（企業連合）と呼ばれた。革命後はブルジョアのトラストやシンジケートはますます大きくなっていった。

数年後、ロシヤにおける工業の停滞は、1910年から再びよみがえって来た。石炭や金属、石油の獲得が盛んになり、砂糖、織物の生産が増加した。穀物の外国輸出が盛んになった。

この時代のロシヤは経済面で進歩したが、西ヨーロッパと比較しては後進国であったし、重機械は、外国の資本家より輸入しなければならなかった。

ロシヤでは、軽機械も重機械の生産も行われなかった。それらは外国から輸入され、化学工業もなかった。ロシヤは、化学肥料の生産も知らなかった。武器の生産も他の資本主義国より遅れていた。

ロシヤでの第一次ブルジョア革命の敗北の原因は十分にあった。その中の主なものは、労働者と農民との間に同盟がなかったことである。もし農民が地主と闘争したければ、労働者との同盟なしにはうまく行かないことを理解していなければならない。彼らは、ツアーリ主義を打倒しないと地主を打ち負かすことができないことを理解していなかった。農民たちは「父なるツアーリ」の善意をずっと信じていた。このために、多くの農民たちは進んでツアーリを倒そうとせず、農民の息子たちは兵士の外套を着て、労働者の叛乱のストライキを鎮圧するのにツアーリを助けた。農民たちは、ロシヤ社会革命党員の御都合主義者を、革命ボリシエビキー以上に信用した。

労働者側にも欠陥があった。もちろん労働者階層は革命の前衛的勢力であったが、彼らはまだ統一されてもいなかったし、団結もしていなかった。というのは、その党は社会民主主義で二つのグループ、メンシエビキーとボリシエビキーに分裂していたからだ。

前者は御都合主義者で最後まで革命を達成することを望まなかった。後者、すなわちボリシエビキーは後のレーニン主義革命で労働者にツアーリ主義の打倒を呼びかけた。そういうわけで労働者は革命にいつも仲良く進んだわけでもなく、労働者階級は革命の現実的な指導者（支配者）になる可能性がなかった。

急いで日本と結ばれた平和条約は、また革命を鎮圧するのを助けた。戦争が行われていた時はツアーリの軍隊は敗北に耐えていたが、ツアーリは弱く労働者の圧力に譲歩する必要があった。平和条約を結んだ後、ツアーリに革命との闘争に勢力を結集する可能性が与えられた。

50、新しい革命の高揚
レーニンが国外に出発、スターリンはロシヤで地下運動に従事する

多くの逮捕者や刑死者が出たにもかかわらず、ボリシエビキーは革命闘争を続けた。彼らはビラや印刷物、パンフレットを出版した。ボリシエビキーは国会での選挙集会や国会その

もので革命的な要求を公然と表明し、現存する社会組織を一般大衆が憎悪するよう利用した。

全ツアーリ警察は捕らえにくいレーニンを捕らえようと準備した。党の懇願によりヴラジーミル・イーリッチは最初フィンランドに去り、後にスイスに去った。そこから彼は、労働者の闘争を指導し続けた。

レーニンの戦友や同志もいた――スターリン同志はロシヤに残った。彼の強い熱意はボリシエビキーの困難な闘争を元気づけた。

1908年には、スターリンは再び逮捕されシベリヤ県の一つに追放された。しかしスターリンの鉄の意志を牢獄も流刑も砕くことはできず、次の年にスターリンはシベリヤより逃げ、バクーに帰った。一年たった。再びスターリンは捕らえられ、流刑により追放された。彼は再度逃げた。まもなく、ツアーリのスパイが再び彼を捜し出し、政府はスターリンを無人のナルムイスキー辺境に追放した。

1912年の夏、彼はひそかにペテルブルグに帰った。外国にはレーニンがおり、スターリンがロシヤの地下運動をしながら自己の血をことごとく犠牲にして労働運動に捧げ、社会主義の闘争という偉大な仕事を続けた。

英雄的なボリシエビキー革命の敗北という重苦しい時代を生き延びるよう、再び革命闘争を起こすように労働者クラスを助けた。

1912 年 4 月 4 日　レンスキー鉱山での労働者に対する発砲

レンスキーの労働者の銃殺

シベリヤの密林深く、レナ川にイギリス資本家の金山があった。この鉱山の労働者の生活は、徒刑囚の生活と変わらなかった。イギリスの資本家は、この鉱山から年に７００万ルーブルの金を受けていた。

１９１２年の春、レンスキー鉱山の労働者はストライキを起こした。

イギリス人の要請に従って、ツアーリ政府は憲兵隊士官の指導の下、鉱山に一連の軍隊を送らされた。彼らはゆっくりと労働者の案内人全員を逮捕したが、その追放者の中にボリシエビキーもいた。労働者は逮捕された者の釈放を要求し、役所に行った。労働者は幾人かで列を作って狭い道を進んだ。突然、ラッパ手の管楽器が鳴らされた。憲兵士官の命令により、兵士たちは道に沿って整列した。打てという命令が響きわたった。射撃がとどろいた。兵士たちは何度も労働者に向けて発砲した。積もった雪の上に死んだ250人と怪我をした労働者の血が流れた。

レナ川の射撃のニュースは、全ロシヤに飛んでいった。何十万の労働者は仕事を放棄して新しい虐殺に対して町に抗議に出た。

1912年5月1日、ロシヤでは50万の労働者がストライキに参加した。田舎では農民たちは再び斧、大鎌、大熊手を取り地主の領地を潰しにかかった。

1910~1914年の間に13000回の革命農民運動が起こった。ロシヤの人民は、新しい闘争に立ち上がり新しい革命の呼びかけに応じた。

ボルシエビキー――自立のロシヤ社会民主労働党

1912年に、外国すなわちプラハでロシヤボリシエビキー委員会の代表が会議に集まった。会議は党から、あらゆるメンシエビキーやぐらぐらと変心しやすい者を追い出すことに決定した。

唯一のレーニン闘争党ボリシエビキーが創設された。党は労働者階級や農民をツアーリ政権の打倒と、8時間労働と、農民が利用する土地を無償で引き渡すための新しい革命に導いた。

ボリシエビキーは、ロシヤにその秘密の党の機関、職業同盟、労働者クラブ、その他の公開の労働者の機関を指導して作った。

ペテルブルグでは、ボリシエビキーの新聞「スベズダー」に続いて「プラウダ」が出版された。ボリシエビキーの「プラウダ」は、労働者にわかる簡単明瞭な言葉で書かれていた。新聞は、労働者がボリシエビキー党の学習をするのを助けた。警察はひっきりなしにこの新聞を追跡し、販売を禁止し、編集長を牢に入れた。ベー・イー・レーニンは「プラウダ」に論文を書き、外国から雑誌を指導した。「プラウダ」ではイー・ベー・スターリン、ベー・エム・モロトフやその他の人が働いていていた。

この時代、党は多くの堅固で勇敢なボリシエビキー革命家を養成した。その者の中にヤー・エム・スベールドロフがいた。彼は、革命闘争を17才から始めていた。

何年間も牢獄や流刑でつながれ、そこから何度か逃げ出し、遂にはペテルブルグに行き、大胆にもツアーリ政権との闘争を行った。

1914年7月　ペテルブルグのバリケードで

キーロフは1905年にその革命活動を始め、一時もやめようとしなかった。牢獄や流刑だけが、時にはプラズマのような革命運動から引き離すことになっただけである。

フルンゼ、ゲー・カー・オルドジョキージェ、ベー・ベー・クイブシェフ、ジェルジンスキー、これら全ての人たちは労働運動の党の果敢な闘士であった。党では力を出して渋ることなくミ・イー・カリーニ、ウオロシーロフ、カガノーヴィチ、クー・クルプスカヤ他多くの人が仕事をした。彼らは党の倦《う》むことのない、堅固なレーニン、スターリンの生徒たちであった。

レーニンは、住んでいたパリを出発して、ロシヤの国境に近いオーストリヤに、ロシヤで活躍するボリシエビキーを指導するために住みついた。

この時代、ロシヤではストライキが次々と発生した。バクーではスターリンがボリシエビキーの堅固な組織を作り、労働者は石油採堀での全面的なストライキを宣言した。約1ヶ月程労働者は闘ったが、勢いは製造家たちにあった。

1914年の夏、ペテルブルグの労働者は再び工場、製造所のストライキに入った。彼らは街頭に赤旗を立てた。軍隊や警察の攻撃に、労働者はバリケードにこもり抵抗した。けれども革命の高揚は、当時進展しつつあった世界大戦国によりはばまれた。この戦争で、ツアーリ政府は再び革命からの逃げ道を捜し出した。

XI　ロシヤにおける第二次ブルジョア革命

51、帝国主義世界大戦
戦時中のツアーリ、ロシヤ

１９１４年夏、世界大戦が始まった。この戦争は、ずっと以前から準備されていた。国の大資本家は、自分たちの間で競い合っていた。二十世紀の初めに地球には大国により占領されていない土地はほとんどなかった。

各国の資本家は、多くの住民の住む肥沃な土地をお互いに取り合っていた。特にドイツの資本家や地主たちは貪欲に収奪しようとしていた。ドイツはイギリスからアフリカの植民地、ロシヤからウクライナ、ポーランド、バルチック沿岸地方を、ロシヤはトルコからコンスタンチノープルを奪おうとしていた。イギリスはメソポタミヤとパレスチナを、フランスはドイツに奪われていたアルザスローレンヌを奪還しようと努めた。

この強奪戦争にあたって、資本家は二群に分かれていた。一方にはイギリス、フランスと付属してロシヤがおりアンタントと呼ばれ、他の陣営にはドイツ、オーストリヤ、ハンガリー、トルコ、ブルガリヤがいた。ほとんどのヨーロッパの国々はアンタントを支持していた。その同盟者には、日本とアメリカ合衆国があった。

ブルジョア交戦国は、国民から隠れてこの略奪戦争を準備していた。当初、オーストリヤ、ハンガリーはセルビヤを攻撃し、その後、戦争を準備していたドイツがロシヤに戦争を宣言した。この後、他の国も戦争に参入して来た。戦争が始まった時、全交戦国のブルジョアは、この戦争を自分たちの祖国を敵から守るための戦争だと言って国民を欺した。人民を欺すにあたって小市民、プチブルの妥協主義政党メンシエビキーとエセル党がロシヤのブルジョアを助けた。

世界大戦は4年間続き、約3000万人の通常の生活をする人間が犠牲になった。また、戦闘員の損害はツアーリ主義ロシヤ軍隊にも及んだ。

当時ドイツ軍は、ロシヤ軍に砲弾を浴びせていたが、ツアーリ政府の閣僚や将軍は十分な武器弾薬なしでいた。

10万人に及ぶロシヤの兵士は、毎日ドイツの砲弾の火、機関銃、それに病気で死んだ。しかしツアーリの将軍は、ニコライ二世やアンタントの呼びかけに応じ、日に日に新しい攻撃に駆り立てていた。将軍たちは軍事的な損失を重視せず、彼らにとっては兵士たちは肉弾であった。ドイツの戦場で、無能なツアーリの将軍は最初の月に20万人の人間のいた全軍を滅ぼした。ロシヤでは、どんどん新しい兵士の募集が行われた。

最初は若者だけを兵士にとったが、続いて、もっと年長者に移っていった。ロシヤでは戦争で全部で1900万人が軍隊にとられた。

戦争の間中、ロシヤ軍はオーストリヤ、ドイツ軍に決定的な敗北をもたらした。

特に１９１６年の夏には、南西部の前戦のロシヤ攻略で大戦果が上がった。ロシヤ軍は大勝利で10万人の捕虜を獲得した。この勝利で、ドイツ軍は西部戦線からロシヤの前線に大軍を移動することになり、そのことはイタリヤ、フランス、イギリスが西部戦線でドイツ軍を喰い止めるのに役立った。

けれども同南西線の大戦果は、他のロシヤ軍では果たせなかった。不能な総司令部やツアーリ政府は武器の供給や、軍に必要な物資の補給ができなかった。ツアーリの宮廷や政府や軍には、多くのドイツ側のスパイがおり、軍事機密をドイツ軍に漏らしていた。血を流し毒ガスの攻撃で死に、塹壕で凍死するツアーリの軍隊は、無能な将軍の指揮の下で退却するしかなかった。

ドイツ軍は１９１６年までにポーランド、リトワニア、ラトビアの一部をとった。けれども戦争は終結を見なかった。

戦争は、ロシヤの経済を崩壊させた。金属、石炭、石油が不足していた。工場は活動を停止した。鉄道は、軍隊を輸送することもできなかった。軍と国民は裸になってしまった。住民も前線兵隊も飢えていた。穀物の種蒔きが減り、誰も土地を耕さなかった。多くの馬や牛が農民から軍隊にとられたからである。長引く戦争は信じがたい困難を労働者、農民の肩にかけた。

戦時中のボリシエビキー

ボリシエビキーの党は世界戦争には反対していた。レーニンと党は、労働者、農民に自分たちを虐待する者に対して武器を向けるように呼びかけ、メンシコフとエセロフ党及びその主人、資本家の卑劣さを暴いた。

戦争の初期、労働者団体は潰され、閉鎖された。ボリシエビキーの新聞「プラウダ」は宣戦布告の前夜に禁止された。ボリシエビキー――第四の政府国家の代議士たちは――戦争に反対する呼びかけをし、労働者に革命を呼びかけたためにシベリヤに強制移住させられた。

戦時中のボリシエビキーの作業は困難だった。レーニンはロシヤ国境と前線から離された。他のボリシエビキー党の指導者は流刑されていった。多くのボリシエビキー党員は監獄に入れられた。しかし、ボリシエビキーの工作は終わらなかった。

戦争中の革命運動

ロシヤでは、ボリシエビキーの指導の下で全ストが始まった。

針の鉄条網の中でロシアの兵士はツアーリ政府を呪った

1915年に、ロシヤではすでに928のストライキがあったが、1917年1月、2月だけで1330のストライキを起こした。労働者はスローガンを掲げて、闘争を続けた。

「戦争やめろ。ツアーリの専制をやめろ!」ペトログラード（1914年~1924年までペテルブルグのことをそのように呼んでいた）の労働者は第一線で戦っていた。


1916年10月、彼らは戦争とツアーリの専制に反対して、一大政治ストライキを組織した。彼らは自分たちの側に兵士の連隊をも引きつけていた。

農民も労働者を支持したが、彼らは村で地主や土地に関するストルイピンの法律や戦争に反対する闘争に立ち上がった。

けれども、もっと先駆的農民たちが軍隊の中にいた。

そこで不満が増大し、まもなく党より軍隊に派遣されたボリシエビキーの影響の下、兵士が戦争に反対することとなった。

前線でのツアーリの兵士たちは、ドイツ兵やオーストリヤ兵と親しくなった。このような友情は、政府の他の前線でも起こった。兵士たちは、流血戦争を中止するよう要求した。

ツアーリ政府に反対して革命闘争の戦いをしている時に、被圧迫人民も立ち上がり始めた。重い年具の取り立て、家畜の徴発、働く者への暴行は大きな不満をかもし出していた。不満は、人民を後方使役に使い始めた時に強くなった。

1916年には、カザフスタン、キルギス、ウズベク、タジキスタンが蜂起した。彼らは町を攻撃し、ツアーリの軍隊や警察と戦闘を始め、自分たちの郷の長老――ツアーリ政権の使用人であった――を殺した。

カザフスタンは、自分たちの武装戦闘隊を作った。反乱軍の隊長には、カザフ人民の勇敢な英雄――アマンゲーリド・イマーンがなった。

叛乱を起こしたウズベク人は、軍隊の補充をさせないよう鉄道を破壊し、駅を焼き、電信線を切断した。

キルギスでは、反乱者は軍需品の輸送を防ぐために武器を取った。町では彼らは鍛造工場や火薬製造工場を作った。

ツアーリ政府は反乱者に対し、大砲、機関銃、装甲車とともに軍隊を派遣した。流血とウズベキスタンやコーカサスの村の焼き打ちの煙が渦巻く中で、彼らはこれらの叛乱の息の根を止めた。

けれども労働者、農民兵士、被圧迫民が戦争に反対し、ツアーリ政府に反対する唯一の闘争は一貫して激化していった。

52、1917年2月のツアーリ政府打倒 ペトログラードでの叛乱

ツアーリ、ニコライ二世と彼の閣僚たちは、前線での敗北、革命運動をどのように抑えるか知らなかった。彼らはどのように着手するかわからないまま狂奔した。ブルジョア党「立憲民主党」とその党主ミリューコフは、前戦での敗北のためにツアーリを支持するのを止めた。けれども立憲民主党員は、革命になることを怖れた。ブルジョアはニコライ二世を政権から退け、王座に彼の弟ミハイル公を据え、始まりつつあった革命運動を抑圧し。戦争はまだ続けると決めた。

ツアーリに近い人は、ニコライ二世に戦争を終わらせドイツと同盟国と別の平和条約（単独講和）を結び、その後で革命を片づけるように忠告した。

ツアーリ及びブルジョアの計画は実現しなかった。そのことより先んじて労働者や兵士たちの叛乱が、１９１７年２月に始められた。

１９１７年の初めに、戦争のために飢えて疲れたペトログラードの労働者たちが、ストライキを始めたのである。ボリシエビキーが労働者の闘争を指導した。彼らはまた兵営に入り込み、ツアーリと闘争をする労働者を支持するよう、軍隊に呼びかけた。労働者や女性は街路に出て要求した。

――戦争をやめろ　ツアーリ政府は去れ！　パンや平和をよこせ。

まもなく労働者は、ツアーリ政府はたった一つのストライキもよく治められない、武装蜂起は必要だということを理解し始めた。――それで彼らは叛乱を起こしたのである。

ツアーリの閣僚たちは、労働者に対して仮借なく発砲する命令を出した。警察は町の中心の家の屋根や屋根裏部屋に機関銃を据え、そこからデモの参加者に発砲した。

ペトログラード労働者の英雄的な闘争は、兵士をも革命に引き入れた。

２月27日、ペトログラードの軍隊は労働者に発砲することを拒否し、人民側に寝返った。叛乱を起こした労働者や兵士は、ツアーリの閣僚を逮捕し監獄に送った。そして閉じ込められていた革命党員を監獄から解放した。群集は、警察や裁判所の建物を焼いた。若い労働

1917年4月3日　ペテルブルグに来たべー・イー・レーニンは革命労働者と兵士に会う

者や女性労働者は、兄弟や夫と共に叛乱に参加した。

ツアーリ、ニコライ二世は、当時ペトログラードの外にいたが、前線から反乱軍鎮圧のために軍隊を派遣した。しかし、革命労働者や兵士が途中で待ち受け、彼らが何のために戦っているかを説明し、ツアーリの命令を実行しないよう軍隊を説得した。兵士たちは労働者の言い分を聞いた。革命は、ツアーリ政権に対して勝利をおさめた。

ペトログラードの革命の勝利についてのニュースが他の町や前線に伝わると、労働者及び兵士たちは地方におけるツアーリの権力を引きずりおろした。

１９０５年の第一次革命の例に倣ってあらゆるところで評議会が創設されたが、このソヴィエトは、すでに労働者の代議員だけではなく労働者と兵士の評議員会となっていた。この点で、１９１７年の2月革命は１９０５年の革命とは違っていた。ソヴィエトの兵士代議員は、本質において、戦争により兵士社会に変更した農民の代議員であった。すなわち、労働者及び兵士代議員会は、実質的には労働者、農民の代議員による評議会だったのである。

このことは、すでに労働者と農民がツアーリ政権に反対して会を形成していたということであり、労働者と兵士代議員のソヴィエトは、このような同盟の機関だったのである。

このような同盟なしには、人民はツアーリを引きずりおろし、革命を勝利させることはできなかっただろう。

二つの権力

ブルジョアは、小ブルジョアの政治家、メンシコフとエセロフを利用することができたが、これらがソヴィエトの中で多数派を占め、その助けによって国の権力を奪ったのである。革命の裏切り者たち——メンシコフ及びエセロフ——は、自分たちブルジョアの臨時政府を創設させた。

しかし、臨時政府と並んでソヴィエトも存続した国には、二つの権力が樹立されたのである。ブルジョアとソヴィエトに根づいていたメンシエビキーとエセルは、ドイツが勝利を得るまで戦争を続けようとした。

以前のように、土地は地主のものだった。資本家は労働者を搾取し続けた。ロシヤ人民への圧迫は残った。

レーニンは、外国からの手紙で、流刑から帰った同志スターリンを頭とするボリシエビキーは人民に臨時政府の実体を暴くとし、メンシコフやエセロフの欺瞞を暴露した。

1917年4月3日、やっとのことでレーニンは外国よりロシヤへ帰って来た。レーニンを出迎えるために、革命ペトログラード全員が集まった。労働者、水兵、兵士たちである。レーニンに対する祝辞は、尽きることがなかった。レーニンは装甲車の上に立ち上がり、人民に向かって話し続け、静かになった群集に火のような呼びかけを投げつけた。

「全世界の社会主義革命万才!」これはブルジョア臨時政府との闘争に向けて、労働者クラスの政権樹立と社会主義を目指す呼びかけであった。

XII ロシヤ10月社会主義大革命

53、ボリシエビキーは社会主義革命を準備する大衆はボリシエビキーに向かう

レーニンの到着で、党はボリシエビキー党員の会議を招集した。８万人のメンバーからなる党の代議員がロシヤの全地域よりペトログラードにやって来た。

会議では、モロトフ、ウオロシーロフ、スベルドロフ、クイヴィシェフ、ジェルジエンスキー、その他多くの人がやって来た。レーニン、スターリンは会議議事を指導した。彼らは労働者階級はまず最初の課題――ロシヤにおけるツアーリの独裁制を潰すこと――を果たすよう指示した。彼らはまだ第二の課題――社会主義革命を成し遂げ、まだ困難で重大な闘争、すなわちブルジョアが国を支配している政権が厳しい抵抗に遭っていないので、党はその仕事を前にしていること――を決断せねばならないと話した。

彼らは、労働者兵士代議員の評議会を、大多数をもって自分たちの側につけるために党で戦うのであること、ソヴィエトの農民にも同様に、メンシコフとエセロフを追い出すことを呼びかけた。

レーニン及びスターリンは、ボリシエビキーに大衆を社会革命の闘争のために組織化する

農民は土地を要求し、同胞の兵士は地主の土地を直ちに組織的に収奪することを呼びかけた

よう呼びかけた。社会主義革命への勝利のために、労働者は、極貧の農民たちと親しくなり合体して、ブルジョアの政権を打倒しなければならないと彼らは言った。ブルジョアを抑圧すること、地主の手から土地を取り上げ農民が利用できるように、圧迫されたロシヤの人民に自由を与え、戦争を直ちに中止せねばならなかった。レーニン及びスターリンの提言は会議で取り上げられた。ボリシエビキーは労働大衆、兵士、水兵の中で大きな活動を展開した。ボリシエビキーはまた、農民の中にも活動を持ち込んだ。彼らは会議の決定事項を説明し、臨時政府との闘争、

ソヴィエトの樹立、戦争の中止、全土地を直ちに農民に引き渡すことを呼びかけた。

ペトログラードでは、労働者と兵士のデモ行進が始まった。４月には労働者兵士のデモが催された。デモ参加者は、ボリシエビキーのスローガンを書いたプラカードと旗を持ち出した。

——戦争をやめろ！

——資本家の大臣やめろ！

——全政権をソヴィエトに！

臨時政府はメンシエビキーとエセルと共に、人々にもっとも嫌われていた資本家の閣僚グチコフとミリューコフを解職し、その組成の中に数人のメンシコフとエセルを加えざるを得なかった。

しかし、政府の政策は以前と変わらなかった。戦争は続けられ、被圧迫民は不公正に取扱われ、労働者はロックアウト（企業の閉鎖）で脅された。

大衆の革命的な気分が増大した。彼らは全員、ますますボリシエビキーの声に耳を傾けるようになった。ボリシエビキー党は強化された。

１９１７年７月初め、ペトログラードでは第一回ロシヤ労兵代議員評議会大会が成立した。この大会では、メンシコフとエセルはまだ大勢を占めていた。彼らはブルジョア政府との前線での交戦を支持するソヴィエト大会の賛意を得た。

その時、前線で攻撃が始まった。攻撃は、ロシヤ軍の敗北に終わった。兵士たちは戦闘に行かず、ブルジョアの利益のために戦うのを拒否して、全政権をソヴィエトに引き渡すよう要求した。エセルの臨時政府、軍事大臣ケレンスキーは、無益にも兵士に自分たちに関係ないことで血を流すように説得しようとした。「戦争はブルジョアに必要なのだから、自分たちで戦ったらよい」と兵士たちは答える。戦闘に出るのを拒む兵士を、臨時政府は銃殺するよう指令した。

兵士たちは、臨時政府はメンシコフやエセルの利益のためだとますます確信した。ロシヤの主要都市で、再び労働者兵士のデモが始まった。

7月のデモとコルニーロフ将軍の叛乱

1917年の夏が始まった。臨時政府は以前のように、労働者兵士農民やロシヤの圧迫民の要求には答えなかった。

工業や鉄道での混乱は大きくなった。工場や製造所は活動を止めた。原料や燃料がなくなったからである。町の穀物や肉も不足して来た。

労働者の資本家やその政府との戦いが激しくなって来た。ストライキは間断なく行われた。

労働者は自分たちの武装部隊――赤衛隊を組織した。村では農民の蜂起が始まった。

1917年7月3日のペトログラードで見せしめの銃撃

兵士たちは、何千となく前戦から離脱していった。臨時政府に自由にしてもらえなかった被圧迫民は、自分たちの正しい要求を持って行動を起こした。

1917年7月3日には、プロレタリヤ労働者、兵士、水夫の大群がボリシエビキーのスローガンを掲げてデモに参加した。ブルジョアは、メンシエビキーとエセルと合意の上で前線より陸軍士官候補生や富農の軍隊を前戦より呼び返し、このデモに発砲し労働者の組織を打ち破った。

士官候補生や士官は「プラウダ」新聞の編集所を攻撃し、ボリシエビキー党員を捕らえ牢に送った。ボリシエビキーは再び地下活動に専念する。臨時政府はレーニンを捕らえるよう指示したので、党の懇願によりレーニンは隠れることになった。レーニンは労働者に変装して労働者イワノフの名のパスポートをもって、ペトログラードの郊外セストロベーツキーの仮小屋に住んだ、更に一時期はフィンランドにも行った。ブルジョアの探偵はレーニンの後を無益に追った。あらゆる手段を使って労働者は、自分たちの愛すべき頭領を守った。

ブルジョアは、銃後でも前戦の状態に激怒した。もっとも遅れた労働者でも、メンシエビキーやエセルが、ブルジョアの利益のために導いていることを理解し始めた。ボリシエビキーの側に、ますます新しい労働者が参加し出した。ボリシエビキー党員のメンバー数は、20万人までになった。

7月の終わりに、ペトログラードでは第六回ボリシエビキー大会が召集された。大会にはレーニンは出席しなかった。彼は地下活動に従事していたのである。大会の行事は、スターリンが指導した。彼は党に対して、武装蜂起を準備するように呼びかけた。大会は社会主義革命の勝利への道に目星をつけ、混乱した国での闘争方法をよく検討した。ロシヤの各地に散っていった代議員は、労働者や貧農が臨時政府に対して叛乱を起こすよう、その政権を打倒してソヴィエト政権を労農政権として樹立するよう準備し始めた。

当時、ブルジョアと地主は革命に対して陰謀を企てていた。彼らの懇請で、コルニーコフ将軍は士官やコサックや古い軍隊の一部からなる大部隊を召集し、ペトログラードに労働者、兵士、議員を集めロシヤの独裁支配者たることを示すために進撃して来た。

ボリシエビキーの呼びかけでペトログラードの労働者と軍隊は立ち上がった。その間、コルニーコフの軍隊に革命政治工作員――労働者と兵士たち――が送られコルニーコフの兵士たちに自分たちの将軍の本当の計画を説明した。コルニーコフ部隊の兵士たちは、革命に対して進撃するのを拒んだ。ブルジョアの陰謀は崩壊した。労農たちの圧力の下、ケレンスキーはコルニーコフを逮捕し監禁した。コルニーコフに対する労兵たちの勝利は、党の中でボリシエビキーの影響をますます強化させた。

コルニーロフ暴動の後、労働者と兵士はソヴィエトからメンシエビクとエセルを追い出し始め、彼らの代わりにボリシエビキーを選び始めた。

1917年の秋、ペトログラードとモスクワ評議員会では大多数はボリシエビキーに移った。評議会は、プロリタリヤ革命の確実な中心となった。彼らは労働者を武装させ、赤軍を創設し武装蜂起の準備をした。

レーニンは、10月の始めブルジョア政府から隠れていたが、蜂起の首領となるためにペトログラードに現れた。

レーニンは今こそ労働者の勝利が保証されており、直ちに武装蜂起を始めるべきであり、ブルジョアのメンシコフとエセルの政府を打倒し、ソヴィエト政権を打ち立てるべきだと話した。

54、社会主義革命は勝利した
10月25日（11月7日）の勝利の叛乱

ボリシエビキーの党は、最後の決定的な戦闘——武装手段でブルジョア政権打倒に向けて準備した。

蜂起の時期は、うまく選ばれた。世界戦争は続いていた。ロシヤでは労働者の大多数はボリシエビキーについて行った。メンシコフやエセルのような順応主義政党は、勤労者の信用を失った。労兵代議員の多いソヴィエトはボリシエビキーの手にあった。労働者側には自分たちの労働組合と赤軍があった。農民たちはエセルやメンシコフが忠告した憲法制定会議の招集まで待つことを望まず、地主の土地を直ちに要求した。彼らは所有地から地主を追い出し土地を占拠した。

兵士たちは、戦争を続けたくなかった。彼らは勝利するまで戦争を続けるというケレンスキーの命令をはねつけた。ケレンスキーの臨時政府に反対してロシヤの労働者、農民だけでなく外コーカサス、ウクライナ、白ロシヤ、中央アジア、フィンランドの人民が立ち上がった。ボリシエビキーは精力的に叛乱を準備した。その計画は綿密に検討された。

しかし、蜂起準備のもっとも決定的な日にカーメネフ、ジノヴィエフ、トロッキーはブルジョアに叛乱の計画と日を洩らしてしまった。臨時政府は、裏切り者から叛乱計画について知り、反乱者と至急戦うため彼の信頼する軍隊を動員した。

しかし、ブルジョア政権の余命はいくばくもなかった。ボリシエビキー党委員会は同志スターリンを首領とする叛乱の指導に沿って闘争本部を創設した。レーニンの指示を果たし1917年10月24日、闘争本部は叛乱にふみ切った。その首領となったのはレーニンだった。赤衛軍、革命兵士、グロンシダットの水兵はボリシエビキー党の呼びかけで一つとなって立ち上がった。勇気によって、統制された革命兵士はいち早くその目的を達した。全ての政府の施

ベー・イー・レーニン（1870 ～ 1924）

設や軍事拠点は占拠された。閣僚のいた冬宮の臨時政府は、士官と士官候補生からなる部隊で強化された。10月25日、革命軍隊は宮殿を取り囲んだ。ネバ河には革命側巡洋艦「オーロラ」と三隻の水雷艇が入って来た。

宮殿の包囲は夕方まで長引いた。夕暮れが始まった。巨大な冬宮だけが明るく照らされていた。夜になると、戦闘は激しくなった。機関銃がダダダと鳴り始めた。ライフル銃の一斉射撃が鳴り出した。宮殿に籠城する軍隊と攻撃する革命軍との間で小ぜりあいが始まった。赤征軍が宮殿に突撃を始めた。

冬宮の占領を指導するボリシエビキーは、包囲された者へ降伏するよう申し出た。だが答えはなかった。合図が与えられた。冬宮に向かってペトロパブロフスク要塞の大砲の射撃が始まった。巡洋艦「オーロラ」の武器が吠え出した。大砲射撃が効を発揮した。宮殿の機関銃が沈黙し、革命軍は宮殿に突入した。士官及び候補生は、応射し続けたがまもなく降伏した。赤征軍が狭い廊下を通り宮殿の丸い部屋に侵入した。机のうしろに数人が驚いて坐っていた。これらの人は最上のロシヤのブルジョア政府要人だった。ケレンスキーは見当たらず、彼は逃亡に成功し姿を消してしまった。

革命の名で全閣僚は逮捕を宣告された。逮捕された者は、要塞に連れて行かれた。

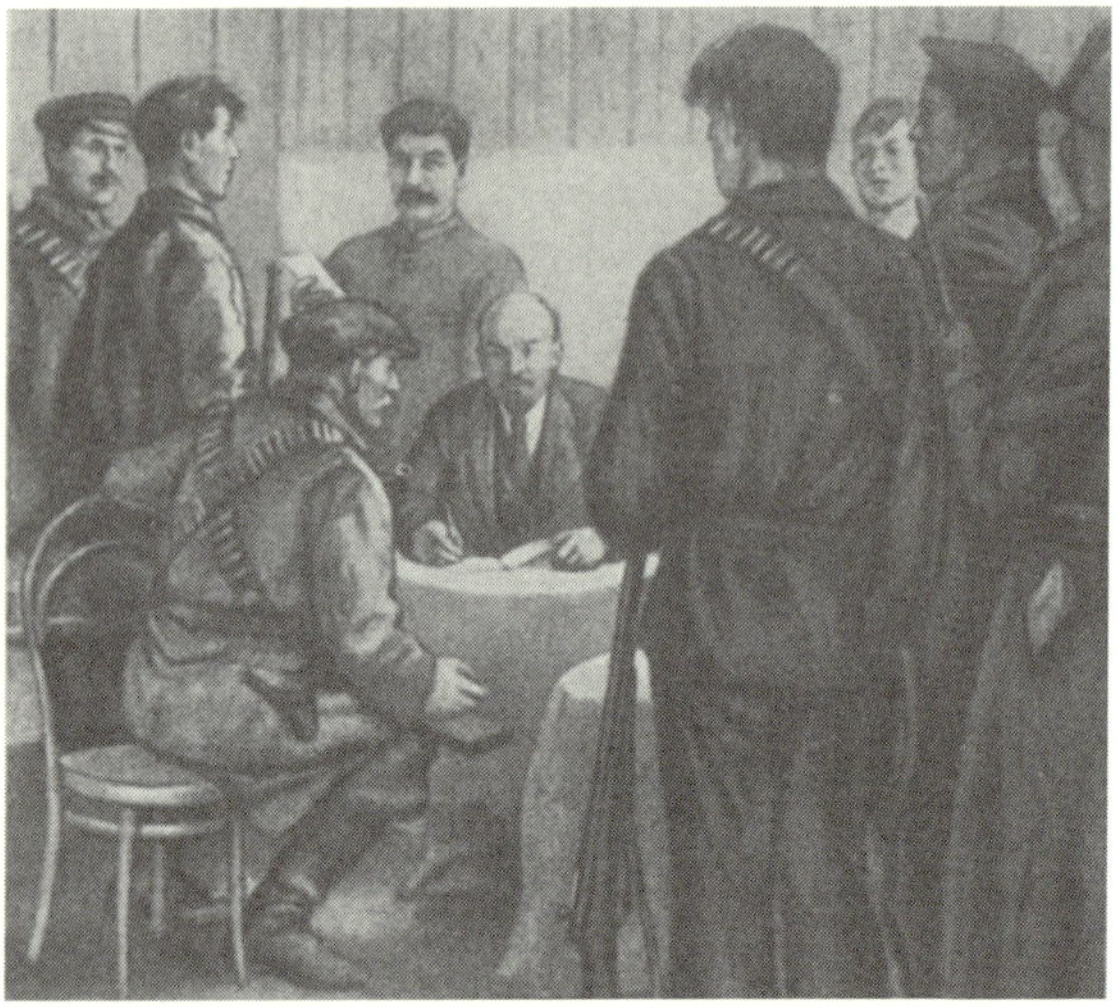

レーニンとスターリン（赤軍の中）

ベー・イー・レーニンは 1917 年 10 月を目指して指導する

1917年10月　冬宮に急襲する革命水夫

全国におけるプロレタリヤ革命の勝利

労働者階級は勝利を祝った。10月25日、深い衝撃をもってペトログラードの人々は、レーニンによって書かれた宣言文を読んだ。その中で臨時政府は倒れ、政権は労議員評議会の手に移ったことが述べられていた。国民が戦った事件で、土地の地主の所有権の撤廃とソヴィエト政府の創設が保証された。

混乱との闘争が終わった今や、、工場、製造所を労働者が管理することで制度化することが可能となった。レーニンが提案し、大会は三つのプロレタリヤ革命の指導理念、平和、土地、政権を確立した。

平和に関する布告は、戦争をする国に直ちに戦争を停止し、公平を原則として平和条約を結ぶよう申し出た。

土地に関する布告は、地主階級と土地に対する部分的私有権を廃止し、それを全て勤労者が利用できるようにした。農民は1億5000万ヘクタールの土地を、ソ連政府の手から受け取った。

政権に関する布告は、国の全政権をソヴィエトに渡した。我が国はソヴィエト共和国となった。

会議は、全ロシヤ中央執行委員会とソヴィエト人民委員会を選んだ。人民委員会の委員長にはベー・イー・レーニンがなった。民族事務の国民委員にはスターリン同志が選ばれた。

ヤーコフ・ミハイロヴィチ・スベルロフ
(1885 ～ 1919)

会議後まもなく、全ロシヤ中央執行委員会議長にはスベルドロフ同志が選ばれた。

ペトログラードの勝利のニュースは、いち早く全国にわたって飛んだ。町と平行して政権を自分たちの手に入れるための苛烈な闘争のニュースが労働者に届いた。

モスクワでは、士官や士官候補生がクレ

ムリンや大建築物を占領した。労働者及び赤征軍は斬壕を掘り、反革命軍と本格的な戦争に入った。モスクワでの戦闘はまる一週間かかった。大砲の砲弾で兵士たち、士官や見習士官たちは、降伏させることができた。

ロシヤのあらゆる町からペトログラードに政権がソ連側に移ったと電報が飛びかった。シベリヤ、中央アジア、白ロシヤ、ボルガ河沿岸、ウクライナ左岸の人民はソヴィエト政府の援助で長年のブルジョアと地主の圧政から自由になった。

社会主義ソヴィエト革命の勝利は次の理由により説明される。

1）エセル、ケレンスキーのブルジョア政府は労働者と農民の目には失敗と映った。ケレンスキーは、戦争を完全な勝利まで続けたいと努めたのに対し、労働者、農民、兵士は戦争の終結と平和条約の締結を求めた。ケレンスキーは、土地を地主が持つように努め、労働者及び農民は、土地を農民が利用するよう少しずつ奪取すべきだと要求した。ケレンスキーは労働運動を抑えるよう努力し、労働者農民は工場主、製造主を抑制し彼らの上に労働組合の設定を要求した。

1917年10月　モスクワでクレムリンを取る

2）第二の理由は、これらの要求にもとづいて強固な労農が集まり、ブルジョアの臨時政府とその受け売りをするエセロフやメンシエビキー――に反対する労兵代議員会の形で――ボリシエビキー党の支持のために同盟が形成されたこと。

3）第三の理由は、妥協主義のエセロフやメンシエビキーが逃げ出し、ボリシエビキー党の周りで首領を指導者として認め、労農がその集団をもって結合したことにある。

これらの理由なしには、10月革命は勝利できなかったであろう。

ボリシエビキー党はソヴィエト政府を組織した

偉大なプロレタリヤの勝利の最初の日に、レーニン、スターリンは全人民の兄弟愛による社会主義同盟に着手した。ロシヤ人民は、ソヴィエト政権からそれまでの世界ではなかった完全な自由を享受した。

平和、土地に対する指示が発布された後、労働管理の指示が発布された。

資本家の工場製造所に対する労働管理が、製品の製産維持、金製品や原料の購買、販売のために設定された。

人民委員会は、外国政府へ全ての負債の支払いを禁止した。

けれども、首都や国の中心で破れたソヴィエト政権の敵、地主、資本家、将軍、僧侶たちとが一緒になった中に、メンシエビキーとエセルがいたがロシヤの辺境に逃げた。ドン、ウクライナ右岸、コーカサス、オレンブルグの草原地帯及びシベリヤで、彼らはソヴィエト政権に反対して陣を固め行軍を組織した。でも彼らに独自の力はなく、労働者、農民は彼らについて行かなかった。

フェリース・エドムンドヴィチ・ジェルジンスキー（1877～1926）

暴動や陰謀など、メンシエビキーやエセルが計画したものは失敗した。赤征軍及び反革命全国特別委員会が、その同盟の士官候補生の陰謀を精算するために十分な働きをした。

ソヴィエト政権の反革命陰謀との闘争は、士官候補生とエセル、メンシエビキーが資本主義国家の直接の軍事援助をやり出した時、はるかに難しくなった。これは、資本主義国家のソヴィエト政権と機構に対する軍事干渉であった。ソヴィエトの干渉に対する闘争はまる3年と長引いた。

XIII　戦争干渉　市民運動

55、平和のためのソヴィエトの闘争、ドイツ軍によるウクライナの占拠

ドイツとの講和

戦争は続いていたが、ロシヤの古い軍隊はそれ以上の戦闘は続けられず、兵士は家に向け四散して帰った。貨車の屋根の上、汽車の連結部分やブレーキの上に乗って、兵士たちは家に帰った。

戦争により苦しんだ国や軍隊は、少しの休みが必要だった。人民委員会は、ソヴィエトの二回大会に取り上げられた指令を新たに出して、全ての交戦国に全面講和を締結する提案を呼びかけた。イギリス及びフランス政府、それに当時のアメリカ合衆国も加わって、この呼びかけを黙殺した。ドイツとその同盟国は、これ以上戦うとイギリスやフランスに弱くなるので、平和条約の話し合いにソ連政府と共に入った。ドイツは、ロシヤから奪った土地を自分たちで確保したいと思った。

傲慢なドイツの将軍と、ソ連邦の農民労働者の代表との間で会談がもたれた。ドイツはソヴィエトの代表に、強奪的取り決めを提案した。

古い軍隊は崩れ、新しい正規兵の赤軍はまだ創設されず、またそのように短い期間に創設されるわけもないので、ソヴィエトはこれ以上戦争を続けられなかった。

組織化された初日の赤軍

このため、レーニンは代表のトロッキーに平和条約に署名するよう命じたが、明らかにドイツに利用され、武力を持たないソヴィエト政府に対して新たな攻撃をする口実を与えることとなり、平和条約に失敗した。

ドイツはこれを利用して新たな攻撃を開始し、ソヴィエト領土の一部を占領した。ドイツ軍はペテルブルグの近くまで近づいた。レーニンの懇願で急にドイツとの講和がブレストの町で結ばれた。これがブレスト条約である。

ドイツ軍に占領されたソヴィエトの領土を失った他にも、ドイツに譲歩した。裏切り者トロッキーと彼の助手のヴハーリンは、いろいろ手を使ってブレスト条約締結を失敗させ、若いソヴィエト共和国を売り渡そうとした。

レーニンもスターリンも、講和条約の不都合については同意見であったが、ドイツで革命に勝ちロシヤのソヴィエト政権が赤軍をつくることについて、今の落ちぶれた状態より強くなり復活できるだろうと疑いをもたなかった。ブレス講和締結で、ソヴィエト政府はしばしの休憩時間を得て、国の経済建設と赤軍創設強化にとりかかれるだろう。赤軍は、1918年に創設された。

ドイツによるソヴィエト領土の略奪

ソヴィエト政権とドイツで結ばれたブレスト講和条約では、ソヴィエト政府の領土、とりわけウクライナでは数人のドイツ人に買収されていたウクライナ人の代表がソ連政府に服従することを望まず、自分たち独自の平和条約をドイツと結んだ。ウクライナの売り切り的な条約の基礎はソヴィエトになく、ブルジョア共和国でソヴィエトがこれに反抗してきたら、ドイツは自分たちの軍隊でウクライナのブルジョア、すなわちウクライナラーダと呼ばれる政府を助けると宣言した。

ドイツの強奪者はこの条約を利用し、自分たちの軍隊でウクライナの境界内に進攻して来た。彼らはウクライナを強奪し、それからドンとグルジヤに進攻した。ドイツの進攻軍はその途中でソ連を追い出し、ソヴィエト政権を支持した労農者を絞首した。

赤軍は当時まだ弱かったが戦闘をしないでソヴィエトの土地をドイツに譲らなかった。炭鉱夫より村の貧乏人や革命の側に立った。水夫たちの首領には綾織工場労働者、自由で勇敢

ニコライ・ショールス　ウクライナでの市民戦争の英雄

なボリシエヴキーでレーニン、スターリンの優等生たるクリメント、エアレモーヴィッチ、ウオロシーロフがなった。

1ヶ月半、ボロシーロフの部隊は、攻撃するドイツ軍やドン河の白色コサック軍に抵抗して土地を守った。ドン河では、コサックが橋を爆破した。白色コサックからの銃弾、弾丸の雨の中、赤軍の闘士はドン河に橋をかけた。人員の一部は作業をし、一部はコサックと戦った。ボロシーロフは兵士に勇気を示して元気づけ、部隊に対する信頼を植えつけ、赤軍がツアーリチン（今のボルゴグラード）でドン河を渡れるようにした。

ドイツ、オーストリヤ軍は全ウクライナを占領した。ドイツ軍はウクライナにヘトマンを使って、巨大なウクライナの地主ツアーリ、政府のスコロパッキー将軍を住まわせ、土地を地主に、工場を資本家に帰した。

ウクライナで、労働組合は禁止された。砲弾や絞首台や地主資本家、ドイツ軍の軍人の嘲笑がウクライナの労働階級や農民を崩壊させた。ドイツは農民から家畜を奪い、倉庫から穀物をきれいさっぱり持ち出した。毎日、ドイツとオーストリヤへウクライナの穀物、砂糖、脂肪、肉、石炭、鉱石を積んだ汽車が出発した。

ドイツの収奪者の略奪と暴力に対して、ウクライナの労働者と農民が立ち上がった。特に勇敢なドイツとの闘争で、鉄道員の息子ニコライ・ショールスが有名になった。彼はまた勇敢にウクライナの労働者、農民の敵と戦い、ロシヤ人民の英雄ワシーリー・イヴァノーヴィッチ・チャパーエフのように有名になった。しかしウクライナでは、ドイツは長く持ちこたえられなかった。ドイツ兵はやっとのことで蜂起したウクライナの労働者、農民のところから退却した。

1918年の終わりには、ドイツで革命が起こりドイツ兵はこっそりとドイツに帰っていった。ウクライナは再びソヴィエトのものになった。

56、内政干渉と反革命の干渉の中でのソヴィエト共和国

工場、製造所——政府の所有物となる。穀物の闘争

世界戦争で荒廃したロシヤは、国の経済が極度に衰退し始めた。工場主、製造主は労働者の管理に従おうとしなかった。彼らは機械を壊し、修理しようとせず工場にも製造所にも原料も燃料もなくなったので、自分たちの企業を閉鎖してしまった。これらの方法で革命を窒

工場での労働者の管理の設定

息させようとした敵とともに、ソ連邦政府は決定的な闘争を行った。

資本家からは銀行、鉄道を取り上げその上で工場、製造所も取り上げた。

１９１８年には資本家の企業はソ連政府の所有するところとなった。工場や製造所では労働者及びソ連の技師たちが局長として指令された。しかし燃料と原料の不足のため、工場や製造所はすぐに歩みを続けることはできなかった。

国では、穀物が不足していた。革命に野獣的な敵である富農は、穀物を穴蔵に隠したり腐らせたり、ソ連政府と赤軍に穀物を渡さないように投機業者に売ったりした。穀物を労働者がいる中心に生産地より輸送する手段は、ソ連邦政府に反抗して蜂起した反革命者や干渉者により切断された。飢えが、革命の消滅を促した。

レーニンの呼びかけにより、労働者は村にある穀物の余分を集めようと徴発隊を起こした。レーニンの提案により、村に貧農委員会が創設された。委員会は富農からの穀物の徴発を助け、貧農に富農から取り上げた家畜、馬などを与えた。

党と貧農委員会は、労働者階級と貧農との間に同盟と友情をもたらすよう中農を引きつけた。中農は、ソ連政府が労働者と貧農に土地を与え、地主から彼らを守り敵を打つのを見て、彼らと一緒になってソヴィエトのために戦い始めた。


アメリカ合衆国、イギリス、フランス、日本はソ連に対して軍事干渉を始める

外国のブルジョアは、ロシヤの革命の火花が全世界にその火を燃やすのではないかと怖れた。

外国の資本家たちは、革命前までロシヤの資本家地主から得ていた大きな利益の分け前を受け取る可能性を失ったという現実を受け入れられなかった。そこでロシヤの地主やブルジョアと同盟を結び、イギリス、フランス、日本の政府はソヴィエト政権に対して市民戦争を始めた。

1918年の秋、平和条約締結時に、ロシヤに取り込まれたチェコスロバキヤはフランス

1918年　貧農委員会の会議

の支持の下に反革命蜂起をして、ソヴィエトロシヤに対抗して立ち上がった。エセル、メンシエビキーと一緒になって、チェコと共にボルガ沿岸の一部、ウラル、シベリヤを占領した。１９１８年には、イギリスは白海のアルハンゲリスクで上陸部隊をあげ、ここで白征軍がソヴィエト政権を倒すべく援助に乗り出した。ウラジオストックで日本が上陸軍を送った。

これらソヴィエト政権に対して戦争を始めた全てのブルジョア国家は、当時、同盟または同盟者を意味するアンタントと呼ばれていた。

アンタントは、見習士官やメンシコフ、エセロフの援助でロシヤのソヴィエト政権の各都市で叛乱を起こした。ブルジョアは革命の指導者殺害のためにギャングを雇った。トロツキーやペトログラード労働者でありボリシエビキーの愛すべき演説家のボロダルスキーが殺された。

1918年の秋、モスクワの工場での集会の後、レーニンに対してエセルが企みを実行した。エセルは、ブルーリンやトロツキーと一緒になって叛乱を準備していた。血を流していたレーニンを家まで運び込んだが、レーニンは長いことかかって死と戦った。全労働者は愛すべき指導者の病の成り行きを見守った。全快したレーニンが再び政府の指導に帰ることになったと聞いて、労働者から安緒と喜びの吐息が洩れた。

この時期までに、アンタントの政府は白海の沿岸地方ウラル、シベリヤを占領した。白色コサックはボルガの大都市ツアーリチン（今のボルゴグラード）を占領し、国の中心への穀物輸送路を切断しようとした。ボリシエビキーの中央委員会は、ツアーリチン防衛のために同志スターリンを派遣した。ここでスターリンは、赤衛軍部隊とドンバスからやって来たボロシーロフと会う。解決の糸口がつかめず、スターリンはツアーリチンの前線の強化に向けて日夜活動した。彼は赤軍の背後に忍び込んだ反逆者を根こそぎ追いつめ、武器や軍隊の輸送に神経を使い、ボルガを通じてモスクワ、ペテルブルグその他の都市の労働者に穀物を送った。

白系コサックは、何回もツアーリチンを占領しかかったが無駄だった。スターリンとボロシーロフは次々とコサックに打撃を加え、このボルガの重要な町を防いだ。ツアーリチンと一緒に白海やアストラハンとも戦ったが、これらの地域では赤軍の頭に立ったのは同志キーロフであった。白軍はアストラハンの占領には成功しなかった。

外コーカサスと中央アジアでの市民戦争

ドイツは、グルジヤではグルジヤ人民の敵メンシコフを強化するのを助けた。グルジヤのメンシエビキーは、血みどろの道を通って政権に到達した。彼らはソヴィエト政権のために戦う多くの労働者や農民を銃殺した。アルメニヤの労働者、農民はすぐにはブルジョアの圧迫から自由にはなれなかった。アンタントは、アルメニヤ人民の敵ダシナーコクを支持した。

トルコは、アゼルバイジャンにあるバクーを、そこの石油大企業から奪うことを目論んでいた。

1918年、バクーではソヴィエト政権が樹立していた。バクーのソヴィエトの首領には、ボリシエビキーのステパン、シャミヤン他の古いボリシエビキー――スターリン同志の友人で生徒でもあった――が立っていた。トルコから町を救うかのように装って、バクーの民族主義者は1918年の夏、バクーに英軍を招致した。町を占領してイギリスはシャミヤン、

1918年　26人のバクーのボリシエビキー革命部の銃殺

アジスベーコフ、ジャバリーベ、その他バクーの政治局員、全部で26人を逮捕しトルクメンに連れて行き、そこで銃殺にした。

トルクメンでイギリスは、ソヴィエト政権を壊滅させ従順な政権の白色軍――エセロフとメンシコフに全てをゆだねた。

ヒバとブハラでは、イギリスはヴズベキ人民の敵――ヒバの汗とブハラの王を守るように援助した。

57、西ヨーロッパでの革命
ドイツでの11月革命

ロシヤでのプロレタリヤ大革命は、全世界を二つの陣営に分けた。地球で唯一、六分の一を占めるロシヤでは社会主義の建設者であるプロレタリヤ政権が強化された。

ソヴィエト、ロシヤは社会主義をかち取る道を、資本主義国家の労働者に燈台のごとく示した。ドイツのプロレタリヤが、西ヨーロッパでは最初に立ち上がった。ドイツの第一次世界大戦での敗北が、大衆の公然たる怒りを増大させた。

１９１８年11月8日、ドイツの町々では、中心街の軍隊、艦隊、艦船で労働者の叛乱が発火した。叛乱はまもなく、オーストリヤに飛び火した。

労働者はドイツとオーストリヤ、ハンガリーの皇帝を王座から引きずり降ろし、打倒した。自分たちの将軍や側近と一緒になって、彼らは人民の怒りから他の国へと逃げた。ドイツとオーストリヤでは共和制が宣言された。

ドイツではソヴィエトが組織されたが、その中の議員の大半は――ドイツのメンシエビキーすなわち社会民主党員――であった。

ブルジョアとその忠実な使用人――社会民主党員――は労働者と戦うための武装部隊を創設した。この部隊は、全政権をソヴィエトの手に移すために戦っている労働者の叛乱を鎮圧した。

ドイツの首都ベルリンでの１９１９年の初めに起こされた労働者の叛乱は、白色軍により鎮圧された。多くの労働者が革命戦争で死に、多くの優秀な革命闘士は牢獄に監禁された。

ドイツの労働者代表カール・リブクネヒトやローザ・リュクセンブルグは逮捕され殺された。プロレタリヤの叛乱は抑圧された。ブルジョアが政権をスタートさせた――社会民主党である。数年の後、ブルジョアは政府より社会民主党員を追い出した。

ババリヤとハンガリヤでのソヴィエト共和国

１９１９年に労働者はドイツの一つの部、ババリアでのみブルジョアに勝利をおさめその政権を打ち立てた――ソヴィエト共和国である。

ババリヤ労働者の政府に反対してドイツのブルジョアは白征軍武装集団、スパイ、革命に対する裏切り者たちを動員した。二週間もの間にババリヤの労働者は勇敢に敵の攻撃を撃退したが、彼らの勢力は弱かった。労働者は敗北した。

当時、隣のドイツ、ハンガリーでプロレタリヤ革命が始まった。１９１９年の3月にソヴィエト政権はハンガリーで勝利をおさめた。ソヴィエト共和国の主導で労働者政府が始まった。ハンガリヤ赤征軍が創設された。製造所、工場、鉱山、銀行、鉄道は労働者政府の独立を宣言した。労働者の家族は蒸し暑い地下室から、金持ちから取り上げた明るい広い家に移住した。レーニンもスターリンも全ソヴィエト人民も熱心にハンガリー、ソヴィエト共和国に歓迎の辞を送った。しかし小さなソヴィエト、ハンガリーには隣国ブルジョアの軍隊が四方より戦争を仕掛けて来た。ソヴィエト、ハンガリーは彼らに抑圧された。

共産党インターナショナル

ドイツとハンガリーでの革命は敗北となった。そのわけは当時、革命的ボルシエビキー党がなかったからである。労働者は、裏切り者に第二回インターナショナルの指導者に面倒を見てもらっていたのである。第一次世界大戦まではレーニンはこれらの裏切り者と戦っていたのだ。第一次世界大戦中にレーニンは新しい第三次インターナショナル、共産主義インターナショナルのための闘争を行っていた。

西側での革命の日々、労働者のストライキや農民活動が第一次世界大戦の後強化され、ヨーロッパのいくつかの国で共産党が起こった。

1919年3月2日、ドイツ、イギリス、フランス、ポーランド、スイス、イラン、ノルウェー、アメリカ合衆国、中国、韓国などが生活の不安とともにスパイの追求から身を隠しつつ、全世界の共産党の代表者たちの会議（大会）にモスクワへこっそりやって来た。

この会議で、第三次共産主義インターナショナル（コンミテルン）――全世界の労働者階級の指導者が復活した。

58、コルチャック、デニキン、ユージェニーチャの撃滅

コルチャック――アンタントの手先

ブルジョアのアンタントは、ロシヤでのソヴィエトを壊滅しようとしていた。アンタントはロシヤの北シベリヤ、中央アジアはコーカサス、ウクライナに軍隊を送っていた。アンタントはモスクワで、ロシヤの反革命将軍の軍隊や艦隊を組織していた。

1918年、シベリヤではアンタントはツアーリ政府の提督コルチャックをロシヤ最高の政府機関と宣言した。

彼らアンタントは、コルチャックに大砲、弾薬、小銃、兵士の制服などを送り届けた。コルチャックは白征軍を創設した。彼は仮借なしに労働者を銃殺し、農民を切り殺した。シベリヤの至るところで彼はツアーリ時代の秩序を復活させた。

チャパエフ　ウクライナでの
市民戦争の英雄

コルチャックの下にロシヤのあらゆるところから、ツアーリの士官、地主、資本家、神父たちが後援を求め、利益を求めて逃げて来た。

まもなくコルチャックは、ソヴィエト、ロシヤに対して攻撃を開始した。彼はペルミを占領することに成功した。

コルチャックの粉粋のために、ボリシエビ

シベリアのパルチザンがコルチャックの部隊を手製の大砲で攻撃する

キーの党はその優良なる勢力を前線に投入した。ウラル地方では、ボリシエビキーは前線を強化し白軍の攻撃を阻止した。

１９１９年の春、コルチャックはアンタントの指令でソヴィエト、ロシヤに対して進軍を開始した。東から恐ろしい打撃がソヴィエト政権に迫っていた。コルチャックを助けるのに南からジェンキン将軍が進撃し、西からはペトログラードに向かってユージェニッチ将軍が進撃した。今や四方からソヴィエト人民に対して敵は威嚇して来た。彼らに補給するため外国の資本家が動いた。

しかし、この時代のもっとも重要な敵はコルチャックであった。ここから赤軍の主戦力が攻撃を受けていた。赤軍の闘士は、献身的にコルチャック軍と戦った。赤軍司令部及びボリシエビキー政治委員は、闘士とともに恐ろしい瞬間に攻撃に出て、コルチャック軍に初めて赤軍の勇気をふるいたたせ、勇敢に大胆不適に攻撃を加えた。赤軍の勢力はエム・べー・フルンゼが指揮していた。彼の指揮の下、赤軍は1919年ボルガ河沿岸とウラルでコルチャックを粉粋した。フルンゼ軍で国民的英雄ワシーリー・イワノーヴィッチ・チャパエフが育った。

白軍はチャパエフ師団を火のように怖れた。コルチャックは再々チャパエフに対して軍隊を送ったが、多くはチャパエフの軍を凌いだ数だったのに白軍との戦いではいつもチャパエフが勝利をおさめていた。だがある時、白軍に囲まれチャパエフは自分の参謀と共に非業の死を遂げた。

けれども、部分的な敗北があったにもかかわらず1919年の秋、決定的にコルチャックが大打撃を加え、残兵をシベリヤ、ウラルから追い出した。

この時期、シベリヤでは労働者農民がコルチャックに対抗して立ち上がり、至るところでパルチザン部隊を結成した。

1919年12月にイルクーツクの労働者が蜂起し、コルチャックとその閣僚を逮捕した。革命委員会は、コルチャックを銃殺刑にした。

赤軍はシベリヤでの勝利を祝った。

外国の干渉略奪者は西や東部シベリヤに逃げたに違いない。赤軍はシベリヤのパルチザンの助けで――ロシヤ労働者と農民、モンゴルブリヤート人、ヤクート人、エヴェンク人、オイラート、その他のシベリヤの住民からなる――彼らを我が国より追い出した。

ジェンキンとユージェニッチ――アンタントの傀儡

コルチャックの撃滅は、ソヴィエト共和国に対するアンタントの戦闘を止めることにはならなかった。

外国政府は、ソヴィエト国家に対する新しい攻撃を組織した。ジェンキン将軍が南で成功をおさめ、ドンやウクライナ地方を占領した。アンタントはコルチャックと同様に彼に軍事援助を与えた。ジェンキンは動員された住民や白色コサックから大部隊を集結し、革命に反対する士官の指揮の下にモスクワに進撃した。

ソヴィエト政府は、ジェンキンに対して全勢力を上げ始めた。レーニンは全ての党の機関に対して手紙で「全てはジェンキンとの闘争へ！」と呼びかけた。ボリシエビキー党は南の前線へ選び抜かれた息子たちを送った。多くの労働者、農民は党の戦列に加わり前戦へ行った。多くのコムソモールの組織は丸ごと前線へ行った。たくさんのコムソモール委員会の扉に、「委員会は閉められ全員前線へ行った」という貼り文句を見たことだろう。

１９１９年の秋には、赤軍は自分たちの戦列に２５０万人の労働者、農民からなる戦士を数えた。

党中央委員会は、同志スターリンにジェンキンの撃滅を組織化するよう依頼した。スターリンはいち早く前線での重大な局面を知り、ジェンキンの白色軍の撃滅プランを綿密に作成した。

ジェンキンはこの時期までに、全ウクライナを占領し革命の心臓部——モスクワに近づいていた。このことは革命にとって一番危険であった。ソヴィエトの領土を占領し、ジェンキンは地主と資本家の政権を復活させていた。彼は地主に土地を委譲し、工場主に工場と製造所を与え住民から重税を取り立て、共産党員とソヴィエト政権のために戦った労働者と農民を銃殺した。ジェンキン軍の士官は村を焼き、ヨーロッパ風のユダヤ人迫害を行った。

赤軍の課題は、攻撃してくる白軍を撃滅することであった。シー・エム・ブジョンヌイの騎馬軍団は１９１９年10月、ジェンキンの連隊を破った。ブジョンヌイは疾風のごとく不敗の自分たちの騎兵をボルガ沿岸に飛ばし、決定的な打撃でここに白軍騎兵を撃滅させた。

騎兵隊に続き、オリヨール側から白軍に向け赤軍連隊が進攻した。この作戦はテイ・オル・ジョニキーゼが指導したが、ソヴィエト軍の強力な圧力のために白軍ジェンキンを支えきれず南へ動き出した。

冬の吹雪の薄氷の中を、赤軍連隊とブジョンヌイ騎兵隊は恐らく絶え間なしに黒海沿岸まで白軍を追いつめるつもりだったのだろう。ジェンキンは恐怖に負け退却したが、後方にはパルチザンの叛乱が起きていた。特に巾広く彼らは北コーカサスを占領した。キーロフや他のボリシエビキーの指導の下、山岳の労働者農民はジェンキンを急襲した。暴徒は白軍から町を奪い、地主士官を殺した。更に大軍が白軍に対して本格的戦闘を行った。

同時にアンタントは、ジェンキンを助けるためにユージェニッチ将軍の軍隊をペトログラードに進出させた。

ペトログラードの労働者は、革命の第一の都市を守るために古い壁の下に立ち上がった。日夜、労働者とその家族は塹壕を掘り、鉄条網を作り上げた。ペトログラードは難攻不落の要塞へと転化した。何十万という労働者、コスモールたちがペトログラード防衛部隊に流れ込んだ。彼らは攻撃に転じ、１９１９年の終わりには壊滅的打撃をユージェニッチにもたらした。彼の残兵はエストニヤに追い出された。

アンタントの出撃は今回は白軍将軍の全面的敗北となった。ジェンキンとユージェニッチは外国へと逃げた。アンタントは急いでソ連から引き上げた。赤軍はアルハンゲリスク、ムルマンスクから追い払った。ウクライナの北コーカサスの人民は地主、資本家、ツアーリの将軍、外国の搾取家より自由となった。赤軍はソ連では市民が平等になるのを助けた。

ただ、クリミヤではまたブランゲリ将軍とジェンキンの残党が居坐っており、西ではアンタントの指示でポーランド、ソ連ロシヤに新しい出撃をするために勢力を蓄えていた。

59、ポーランド、パンとの戦争　ブランゲリの撃破
白色ポーランドとの戦い

１９２０年が到来した。アンタントはソヴィエト共和国との闘争を続けており、今度はポーランドのソヴィエトをそそのかしていた。

独立の政府となったポーランドは、１９１８年の終わりに蜂起したプロレタリヤ革命で、ポーランド人民にロシヤから分離する権利が確立されていた。ポーランドの貴族たちはポーランド政府を形成していたが、このことを評価していなかった。ポーランドに大砲、機関銃、ライフル銃を補給したフランスは、１３５台の飛行機と最良の軍事顧問団を提供した。

１９２０年春、ポーランドはソヴィエトロシヤに進撃しキエフを占領した。ドネープル川を越え、ポーランド軍はウクライナ左岸を占領しようとした。ポーランドはクリミヤにブランゲリ伯爵――アンタントの傀儡の指揮の下、ジェンキン軍の残党と共に統合し居坐ろうとしていた。

各前線から、ポーランド占領軍を撃滅するため赤軍がすばやく集められた。ブジョンヌの騎兵隊が、コーカサスの前線からポーランドの前戦に投入された。その騎兵隊は、コーカサスの前線からポーランド軍の後方に廻りキエフ付近で撃滅した。

ポーランド軍は逃げた。とどまることなく赤軍は彼らを追いつめた。赤軍はまもなくベロルーシャを解放し、ポーランドの首都――ワルシャワに迫った。けれども赤軍はワルシャワ

を占領しなかった。彼らの方から去っていったのである。

ポーランド軍は、ソヴィエト軍隊後退にもかかわらず軍の勢力を多く失い、再び攻撃することはできずソヴィエトロシヤに和平を結ぶことを申し込んだ。ソヴィエト政府はすでに1919年にはベロルーシャの中の首都ミンスクとウクライナの一部を占領していた。数回にわたり、ソヴィエト人民委員会はポーランドに平和的なベロルーシャとウクライナ人民に対する占領と攻撃をやめ、平和条約を結ぶよう提案していたが、ポーランドの貴族はこれを聞こうとしなかった。ポーランドの貴族はウクライナを黒海まで占領することを考えていた。アンタントは和平に同意し1920年秋、戦争は終わった。

ベロルーシャとウクライナは、すでにポーランドの貴族に奪われていた自分たちの土地を返還された。けれども西ウクライナと西ベロルーシャの一部分はポーランドの軛の下に残った。

ブランゲリの滅亡

ソヴィエト政府の大敵がまだ残っていた。――ブランゲリ伯爵である。アンタントの援助の下にブランゲリはクリミヤ地峡のペレコープで橋頭堡を建設した。党と政府はエム・ベー・フルンゼにブランゲリを撃滅するよう要請した。ウオロシーロフと一緒になって、フルンゼはスターリン同志の指令に従って入念に攻撃を準備した。

長い戦闘が始まった。ウクライナで負けたブランゲリはクリミヤでの強化に腰を落ちつけた。プロレタリヤ革命の第三記念日に、フルンゼは指令によって11月7日、8日の夜に地峡のブランゲリの橋頭堡への襲撃を開始した。赤軍の攻撃はまったく遮る物のない場所で行われた。白色軍は強力な大砲で赤軍を攻撃し、弾丸の雨を注ぎかけた。これにもかかわらず英雄的赤軍兵士はコンクリートの白軍の堡塁を攻めた。疾風射撃の中を、赤軍兵士は敵の塹壕を切り崩し敵を倒した。ペレコープの敗戦は、赤軍の勝利を決定的なものにした。白色軍はパニックに陥り逃亡した。ブランゲリは残兵と共に船に残り、黒海を経て自分たちの保護者

ミハイル・ワシーレヴィチ・フルンゼ
(1885 ～ 1925)

――アンタントのもとへ逃げた。

ポーランドも、アンタントはブランゲリを使ってもソヴィエト、わが政権を粉砕することはできなかった。アンタントの第三の出撃は、最初の二つと同様に完全な失敗に終わった。

中央アジアと外コーカサスにソヴィエト政権樹立

中央アジアの人民は、市民戦争の

間、恐ろしい窮貧にさらされた。外国の収奪者、富農大地主ムッラーはバスマチの追い剥ぎ強盗団を組織した。バスマチは人々から財産を奪い、中央アジア、ウズベキスタンの部落を焼いた。レーニン、スターリンは中央アジアの勤労者を助けようとして、赤軍の大部隊をフルンゼとベー・ベー・クイヴィシェフの指揮の下、派遣した。砂で覆われた荒地や岩だらけの山で、赤軍はバスマチの盗賊を殲滅し、中央アジアを抑圧から解放した。

1920年にはヒバの汗政府に対しウズベクの勤労者が蜂起した。彼らは汗の軍隊に勝ち人民政府を設立した。ヒバに続いてヴハラでも叛乱の火が燃え上がった。赤軍がちょうどよく来たところへ勤労者たちは政権を倒し、人民政府を設立した。この時期に外国の収奪者よりトルクメンが解放された。

1920年の春には、外コーカサスではアンタントの支持でブルジョア民族主義者が治世をしていたが、労働者、農民が叛乱を始めた。彼らの援助に赤軍部隊が、オルジョニキンジェ、キーロフ、ミコヤン同志たちを首長としてやって来た。ブルジョア政権は打倒され、外コーカサスの人民――アゼルバイジャン、アルメニヤ及びグルジョアなどからなる――ソヴィエト諸国人民の別の家族として入って来た。

今や労働者と農民の主要な敵は、ソヴィエトの土地で撃滅され追われた。ソヴィエト政権は、外国とロシヤの資本家たちに勝利をおさめたが、それは勤労者に共産党の影響が及んだからである。党は労働者農民を敵との闘争のためにからめとり、敵を粉砕するためにあらゆる国家手段を利用することができたのだ。

ソヴィエト共和国の干渉を排除するのを大きく助けたのはドイツ、イギリス、フランスの労働者たちだった。彼らはソヴィエトと戦うために鉄道や海運で送られる武器、装備品の発送の邪魔をした。彼らはソヴィエト共和国との闘争を中止するよう要求し「ソヴィエトロシヤより手を引け」というスローガンの下、闘争を行った。

干渉者に勝ち、ソヴィエト同盟の勤労者は今や経済的で平和的な暮らしに移行し、社会主義の構築に着手し、世界戦争と市民戦争がもたらした重い傷を癒やし始めた。

XIV　国の経済の復興により平和な労働へ移行

60、国民経済の復興とソ連の形成

レーニンの混乱からの脱出プラン

世界戦争とアンタントにより押しつけられた反革命による市民戦争は、窮極の破たんにまで追いつめられた。多くの工場、製造所は停滞した。燃料も原料もなかったからであり、鉄道には壊れた汽関車や破壊された客車が転がっていた。橋や鉄道は多くの場所で白軍により爆破され、再び新しく作られねばならなかった。工業は戦前より5倍少い生産しかなかった。

農地は悪化していた。多くの家畜はツアーリの軍隊に盗まれていたし、その多くは市民戦争の時に殺された。農村の経済は１９１４年代の半分しか供給できなかった。国は飢きんとなった。

市民戦争の時、部分的な商売は禁止されていた。取引に慣れていた農民はこの時期、その禁止に不満を抱いていた。ブルジョア及び富農は、このような不満を利用してソ連政権に対するいろいろな面での反抗に導こうとした。

党とソ連政府は、国の経済を立て直すためにいろいろな方策を立てることを決定した。ヴラジーミル・イーリッチは１９２１年にこのようなプランを提案した。市民戦争の時、農民たちは工業や労働者や赤軍のため穀物の余剰品を供出した。労働者と農民たちには地主や工場主に対する軍事同盟があった。今や彼らには経済を立て直し社会主義を建設するために新たな同盟が必要であった。

農民には余剰品全部を政府に渡さず、設定されたもともとの納税分だけを支払わせたらよい。残った製品は農民がしたいように処理したらよい。この目的のために部分的な商業を許可する必要がある。部分的な工業や商業の許可は小企業を興こさせ、商業を生み出させるだろう。一時的に、部分的商工業は商品を生み出すことだろう。われわれは部分的資本を急速に強くし、押し出そう。時がくれば我が国では資本家や富農の残滓《ざんし》を滅ぼそうとレーニンは語った。レーニンのプランは採択された。彼は新経済政策をネップと名付けた。

経済の復興を早めるために、共産党は市民戦争時のように奉仕労働を導入した。それには、全勤労者が参加した。彼らは自分たちの祖国のために無給で働いた。

レーニンの計画は報われた。3、4年の間に国の経済は堅固になり、製造工場は稼働し鉄道や農村経済は好転した。農民は市場に穀物、肉、卵を搬入した。彼らはサトウダイコン、亜麻の種をまき綿の播種《はしゅ》をふやした。国では砂糖工場、織物工場が稼働し出した。労働者、農民のところに穀物、砂糖、織物、その他多くの商品が現れ出した。多くの政府や、協同組合形式の店が開かれるようになった。

ヴラジーミル・イーリッチ・レーニン――スターリンの表現によれば、この山わしはずっと将来を見ていた。彼は労農民は混乱にたやすく打ち勝ち幸福な生活を送れるとした。彼らは自国の経済の中に機械を作る工場を持たねばならず、この工場は電気の助けで稼動されると話した。全国を発電所網で覆う必要があると再々レーニンは語った。国の電化プランは作成された。レーニンの提案によって、レニングラードの近くのボルホフ川に最初の大発電所が建設された。

1926年、その時はベー・イー・レーニンはすでに死んだ後だったが、この発電所は建設され電力をレニングラードの製造所工場に送っていた。これで国に重要なレニングラードの工業を復興させた。発電所は国の他の地域、ウラル、ウクライナ、外コーカサスにも建設された。

日本の干渉の終わり

全ソヴィエトで経済を復興させている時に、我が国の資源ある辺境は1918年より日本人がその手中にしていた。しかし1922年、赤軍はシベリヤのパルチザン軍と共にここでの戦争を終わらせ、日本の略奪者と白軍から全極東を自由にした。

赤軍闘士はスパースカとボロチャーエフカで白軍と日本軍と戦闘して小さな勝利をおさめた。ボロチャーエフカの村で白軍兵士は堅固な鉄条網を張ったが、赤軍兵士は冬の厳しい吹雪の中を衣服を着ず、多分裸足のままで鉄条網に近づき、手で網を切り軍刀で壊した。要塞

セルゲイ・ラゾー　市民戦争での極東での英雄　1920年ラゾー同志は
日本の干渉主義者により機関車の燃焼室で生きたまま焼かれた

は占領され、白軍と日本軍は逃げてしまった。

１９２２年10月に、ウラジオストックは赤軍によって解放された。極東での日本の軛は投げすてられた。

しかし、シベリヤの労働者や極東の住人が日本軍隊が作り出した略奪を理解するのには長くかかった。日本人が、赤軍のパルチザンを生きたまま汽関車のボイラーで燃やしたことを労農民は決して忘れない。このようにして、極東解放のために英雄セルゲイ・ラゾーは死んだのである。

ＣＣＣＰ《エスエスエスエル》の創設

もはや全国で、白軍と干渉者が片づけられた。遠くのブルジョア国家の武装攻撃から国を守らねばならない。国の経済を向上させ、社会主義を建設せねばならない。国の文化をソヴィエト全人民とともに高揚させるのを援助しなければならない。これら全てのために、統一した同盟国家を作る必要がある。

１９２２年にレーニンとスターリンの提案でこの目的のために共和国の代表たちがモスクワの第一回全ソヴィエト集会に参加し、自由意思にもとづく人民統合政府を形成し、ＣＣＣＰ《エスエスエスエル》の名称の下、政府同盟は生まれた。

最初は、ＣＣＣＰ《エスエスエスエル》は数ケ国の共和国が統合されただけであった。ロシヤ、ソヴィエト連邦社会主義共和国はモスクワを首都とし、ウクライナは最初ハリコフ、後にキエフを首都とした。白ロシヤはミンスクに、外コーカサスはアゼルバイジャン、グルジヤ、アルメニヤを統一して外コーカサス連邦とし、その首都をトビリシに置いた。少し後になって、中央アジアでは三つの自治共和国が組織された。ウズベキスタンはタシケントに、トルクメンスカヤはアシハバッドに、タジキスタンはスタリナバードを首都とし、これらは皆ＣＣＣＰ《エスエスエスエル》に加入した。

ソ連邦の人民は、仲の良い家族として住み始めた。多くの人民はツアーリ時代死に絶えたり、打たれたり、文盲であったりしたが、今や蘇生し兄弟の同盟を結ぶ人民としてスタートし、社会主義を建て始めた。民族文化の発展は全共和国で急速に進んだ。多くの学校、大学、図書館が開かれ劇場が建設され、多くの書物が国語で印刷され始めた。ソ連邦の人民は最初は文字を持たなかったが、自分たちのアルファベットを利用した。人民の文化は豊かに実った。

61、レーニン死す。しかし彼の事業は生きている
1924年1月21日のレーニンの死

人生における54才で長い重い病気の後、モスクワ近郊の町で偉大なレーニンは死んだ。全世界の勤労者は、プロレタリヤ革命を準備し、実現させ、無数の敵から困難な時代を救った自分たちの指導者を失ったのである。他の誰もできないことをやった人間が死んでしまった。

ベー・イー・レーニンとイー・ベー・スターリン　レーニンの病気の時に山で写す

深い悲しみが多くの勤労者を満たした。厳しい1月の吹雪の中を、モスクワの勤労者が一列になって自分たちの天才的指導者に別れを告げた。彼らは深い悲しみとレーニンの指示した道に進もうと固い決心を抱いた。

悲しげな行進曲の下、人々はレーニンをクレムリンの壁に埋葬した。そこに今でも彼は生きているように、大

理石の廟《びょう》にあるガラスの棺の中に、胸に赤旗勲章をつけて横たわっている。我が国のあらゆる勤労者はモスクワに来て、人民を自由で幸福な生活に導いた指導者の像を、廟で参拝している。

スターリンの誓い

1月26日（1924年）全国のソ連邦代議員が集まる第二回全ソヴィエト同盟集会の席上で、スターリンはボリシエビキー党の要請により人々の前で党の名前で誓った。彼は言った。

「同志レーニンは党員称号を支持し、清く偉大な称号を保持するように遺言された。同志レーニンに誓う。われわれは名誉をもってあなたの遺言を果たすことを！」

「同志レーニンは、わが党が目の瞳のごとく唯一であることを大事にするよう遺言された。同志レーニン、われわれはあなたに名誉を以てこの遺言を果たすことを誓う」

「我が国において圧迫され押さえつけられた勤労大衆が、地主や資本家がその圧力を放り出させるのに成功し、その場所で労働者、農民が主人となるのに成功したのである」

「この偉大な闘争を、同志レーニンと彼の党が指導した」

「レーニンの名は、勤労者と搾取された大衆のもっとも愛すべき名前となった」

「同志レーニンはプロレタリヤの独裁を保存し、強化することを遺言した。同志レーニン、

モスクワの勤労者がベー・イー・レーニンの遺骨を
国の記念碑に捧げようと歩きまわる

われわれは名誉にかけてあなたの遺言を果たすのに力を惜しまないことを誓う」

「同志レーニンは全力で労働者農民の団結を堅固にするよう遺言した。同志レーニンよ、名誉にかけてこのあなたの遺言を守ることを誓う！」

「ロシア人、ウクライナ人、バシキール人、白ロシア人、グルジヤ人、アゼルバイジャン人、アルメニヤ人、ダゲスタン人、タタール人、キリギス人、ウズベク人、トルクメン人、全てこれらの人々はプロレタリヤの独裁に興味を持ち、強化することに一体となります」

「同志レーニンは、いつも我が国の自由な人民の団結の必要について話され、共和国同盟の枠内で彼らの兄弟のような協力が必要なことを話された」

ベー・イー・レーニンとイー・ベー・スターリン　モスクワの赤の広場の廟

「同志レーニンは共和国同盟を強化し、拡大しなさいと遺言した。同志レーニンよ、あなたの名誉にかけてあなたの遺言を果たすことを誓う！」

「レーニンは再々、赤軍の強化とその立場の改良はわが党の重大な課題の一つであると教えられた」

「同志よ、われわれの赤軍と赤軍艦隊を強化するよう、力を惜しまないと誓います」

XV　社会主義の5ケ年計画と大祖国戦争

62、社会主義工業と集団農場（コルホーズ）

社会主義工業の建設

だんだんと自由となった工場、製造所は、たいへん古くさくなった機械と共に、とても遅れていた。それも数は多くなく、彼らは国に必要な商品をあまり作らなかった。銑鉄は品質悪く、石油、石炭もあまりとれなかった。多くの商品は我が国で製産されず、それらは外国から輸入しなければならなかった。

ヨシフ・ヴィッサリオノヴィチ・スターリン（1878〜1953）

１９２５年、党の14回大会で党の依頼を受けて、同志スターリンは、われわれが短期間で農業国から工業国に移行することを指示した。このためには、多くの新しい工場、製造所、発電所を建設する必要があり、古い工場を全て今風に言えば科学技術に変えねばならない。われわれはトラクター、コンバイン、自動車、工場用の新しい旋盤、飛行機を建設する必要がある。多くのよく訓練された労働者や専門家を作る必要がある。われわれは先進資本主義国家に追いつき追い越す必要がある。

「そうでなければわれわれが傷つく」このことは工業化と呼ばれるようになった。

けれども、社会主義建設のこの計画に反対する、我が国でこの当時存在した多くの党の裏切り者——トロッキー、ジノービイエフ、カーメネフなどがいた。彼らはあらゆる手段で社会主義工業の建設を挫折させようと努めた。彼らはCCCP《エスエスエスエル》は社会主義社会を建設できず、労働者、農民は資本金や富農なしにはやって行けないと言い切った。

外国のブルジョアが党と彼らの論争を、ソ連邦を中傷し闘うのに利用した。

彼らは古い技術者で、メンシエビキーやエセロフの残党を買収し、その者たちで成長するCCCP工業の害となるようなグループの反革命派を作った。害虫たちは機械を壊し、石炭や鉱石の採抗を倒壊させた。彼らは工場、製造所、発電所を爆破し焼いた。害虫どもは捕らえられ、厳しく罰せられた。しかしトロッキー派の党と人民との闘争は続いた。党は一連のトロッキー派を追放した。人民はトロッキー派をソ連邦より追い出し、彼は公然とブルジョアの役に変わっていった。

同志スターリンにより国に提案された課題を実現するために、1928年偉大な事業計画——最初の社会主義建設5ケ年計画が作成された。

同盟の勤労者は、労働者英雄の見本を示され、鼓舞されて偉大な建設にとりかかった。ソ連邦では勤労は名誉であり、ほめたたえられ、献身や英雄的精神の鑑となった。日夜、建設のために緊張した作業が進んだ。製造所工場、鉄道では社会主義競争が拡がっていった。建設従業員は、まだどこにもなかった世界に一つだけの工場の骨組作りのため、煉瓦の設置や森林の伐採に成果を上げた。

1930年には、クツネツ市の近くのトミ川の岸――そこはかつてシベリヤタタール汗の領土だったところだが――にスターリン巨大金属工業の建設を始め、第一の5ケ年計画の終わりに竣工した。

ドネープロ川床――かつてザポロージュコザック本営があったところ――に巨大なレーニンドネープロゲスの発電所が建設された。

ドネープロゲスの電力の助けを借りて、多くのウクライナ地方が栄えた。ドネープロの川床を埋め、間断なく航行が可能になり、発電所の周りの多くの工場は電力を受けとって国に必要な商品を生産した。

水のないステップや砂漠地帯に、1930年、トルキスタン・シベリア鉄道が敷設された。それは、豊かに穀物を産するシベリヤと繁栄する中央アジアとを結びつけた。

ヴャチェスラフ・ミハイロヴィチ・モロトフ（1890 ～ 1986）

第一回5ケ年計画では、特に国有化された共和国に多くの工場が建設された。中央アジア外コーカサス、ウクライナ、白ロシアは自分たちで何十という新しい工場を建設した。

これら全ては社会主義工業の建設を可能にした。すなわち、資本家抜きの工場である。

コルホーズの建設

農村経済のためには、鋼鉄の馬、トラクターが準備された。

第一次5ケ年計画では、スターリングラードに強大なジェルジェンスキートラック工場が、サラトフとザポロージェにコンバインの工場が建設された。

これら全ては、現代語で言えば科学と技術を農民経済が導入するのに必要だった。

このことは、小、個人農業がコルホーズに導入される可能性を生んだ。しかし課題は難しく、農民は最初は自分たちの小規模経済を堅く支持していた。

グリゴーリ・コンスタンティノヴィチ・オルジョニキーゼ（1880-1937）

党は、農民に言葉だけでなく行動で、巨大コルホーズ経済は小農業より大きな利益と長所があることを示した。村には、ソ連政府より多くのトラクター、コンバインその他の機械が送られた。

１９２７年には、村の農民たちがうねりのように大挙して貧乏人に続いてコルホーズにやって来た。富農は遂に主力がコルホーズに移ったことを見て、コルホーズの組織に断固として反抗した。富農はコルホーズの先進的な人々を殺し、コルホーズの機械を壊し、コルホーズの穀物を焼いた。

富農とコルホーズとの戦い

ブハーリンやルイコフを首とするわずかの人民の裏切り者達が富農を支持した。彼らはトロッキストと同じように５ケ年計画には反対だった。けれどもボリシエビキーの党は、これらの裏切り者を打ち、農民たちが富農の反対を打ち砕くのを助けた。

コルホーズは成長し、強固になり急速に幸せで裕福な生活を歩み始めた。コルホーズの農

ミハイル・イヴァーノヴィチ・
カリーニン（1873-1946）

民たちは、ますます多くの土地に種をまき始めた。今や多くの穀物を収穫し、村には多くの学校、図書館、クラブが立ち始めた。

１９３２年には、コルホーズでは半数以上の農民の家族が統合された。

ソ連邦では社会主義、農村経済、すなわち地主富農のいない農村経済が起こった。

１９３２年には、５ケ年計画は、４ケ年で達成された。労農者は勝利を祝った。第一次５ケ年計画を達成したＣＣＣＰ《エスエスエスエル》は社会主義の勝利を保障した。

今やＣＣＣＰでは機械を生産し、鉱石を掘り、トラクターや飛行機を建設し、石炭や石油の生産を増やした。ＣＣＣＰは工業国家に変身した。

今やツアーリ時代のロシヤより、３倍も多い品物を生産するようになった。

１９３３年までに、ＣＣＣＰはいくつかのヨーロッパ国家に追いつき追い越した。石油の生産では世界で二位、鋼鉄生産でも二位、銑鉄では三位、石炭では四位である。

しかし、ＣＣＣＰ内部と同様、外部からの敵は我が国で工場の建設を妨げた。

クヅネッツ金属工場の高炉

1929年には、外国資本家はCCCPに向けて戦争を起こすよう中国に働きかけた。中国の将軍の軍隊と白征軍は、東方の大連極東国境を攻撃した。けれども赤征軍は極東においては強かったので、急速に敵を撃退した。敵は国の内部にいた。

1930年、党は古い技術者、メンシコフ、エセルなどの害虫を捕らえた。彼らは我が国を再び資本主義国家に帰したいと思っていた。彼らはCCCPに対して、新しい戦争を準備していた。裏切り者は捕らえられ、ソ連政府により厳しく罰せられた。労農者はこれ以後ますます団結し血を分けた赤軍の軍備をととのえ、ソ連の敵を暴くためにチェッカを助けた。

このように、仕事でも戦争でもボリシエビキーの政党が目論んだ第一次5ケ年計画は完成した。

ヴァレリヤン・ウラジーミロヴィチ・クイビシェフ（1888 -1935）

63、CCCP《エスエスエスエル》——社会主義国家文化的達成と社会主義国家の人々

第一次5ケ年計画の後の期間、我が国の顔は大きく変わった。第二次5ケ年計画では（1933〜1937年）、われわれの生活全般にわたる根本的な再構築が行われた。地球の6分の1にわたり、北極からトルクメンの酷暑のステップまで、またはバルチック海から太平洋に至るまで、新しい社会主義機構が創設され、搾取や抑圧のない、資本家も地主もない、商人も富農もいない、新しい生活が作られた。

国は、新しい方法を手に入れたのである。ソヴィエトの国民は、土地の地下資源に隠された富を開いた。石炭、石油、金、プラチナ、鉄鉱石、非金属は以前では量れなかった量に達した。CCCP《エスエスエスエル》の豊富な森林で、人々はいろいろな形の木材を相当数確保した。海や湖、河で人々は海の生物や価値の高い魚の捕獲を、未曾有の量にまで伸ばした。第二次5ケ年計画では、社会主義による原野は空前の量の穀物、綿、亜麻、ビートなど国に必要なものを供給

コンバインによるコルホーズ農場での収穫

した。社会主義の原野で、庭園で、ますます多くの茶、みかん、レモン、オレンジ、リンゴ、栗、ぶどうを生産した。

無数の巨大な工場が、今の言葉で言うとソヴィエトの技術者の科学技術により建設され、ソ連の機械が据えられたが、毎年生産性を上げ製品をよくしていった。無数に立てられた、このような部門別工場は以前にはないものだった。われわれの自動車、トラクター、コンバイン、飛行機、工場用旋盤は外国製に負けなかった。

資本家の搾取から解放されたことで、ＣＣＣＰの農民労働者は短い期間に大きな工場と力強い農村を作り出した。人々に対する配慮として――世界でもっとも短い労働日、高い労働賃金、休暇住宅、サナトリウム、企業内部での労働の保証、良い住宅、技術や他の智識のための教育――などが今までにない労働の製産性を上昇させることになった。労働は、枷《かせ》ではなくなった。

新しい特別な人が、ソ連邦に現れた。ドネッキー炭田では貯炭場の炭鉱夫、アレクセイ・ステハーノフが一交代時間に102トンという、ノルマの約14倍弱の石炭を掘った。ゴーリキー市の自動車工場で、鍛冶工のブシーギンは一交代時間に設定された675個の代わりに1050のシャフト屈曲部鍛造を仕上げた。

織工のヒッグラードフは、10個の代わりに144個の織機で働き始めた。これらの先駆者はスタハーノフ実践者と呼ばれていたが、その後に何百、何千の人が実践した。スタハノスキー活動は全国を捕らえ、工場から農村へと拡がっていった。コルホーズは、以前には考えられなかった収穫を得だした。マリヤ・デメチェンコは1ヘクタール当たり50トンの収穫高を達成した。

パーシャアンゲリーナ旅団のトラック作業班、トラクター隊は一夏に1000ヘクタール以上を一台で耕した。

我が国は、よく整備された交通網を必要としていた。この課題は、急いで解決された。運河――白河バルチック海――バルチック海と白海を結びつける運河が建設された。驚くべき美しさ、世界で一番良い都市モスクワが、CCCPの首都として建てられた。ソ連の飛行機は、それまで未知だった北極の氷の荒地への航路を設定し、北極を征服し、そこにラジオ放送局を建てた。前人未踏の航路が北極を越え、ソ連邦からアメリカ行きの航路が開かれた。

ソヴィエトの極地探検隊員や飛行士の名前、シュミット、チカローフ、バイドウーコフ、ベリヤーコフ、グロモク、ユーマシエフ、ダニール、ボドピヤーノフ、モロコフ、スレプニヨーフ、その他の者の名前を全国民が知っている。

おとぎ話のように、CCCPでは新しい都市が成長した。西シベリヤのスターリンスク、ウラルのマギノゴルスク、極東のコスモモーリスク、その他である。

アレクセイ・ステハーノフ
ドンバスの有名な炭鉱夫

新しく改革され、古い町は見違える程になった。

特にソ連邦の首都で、巨大な工業中心地は美しく飾られた。曲がりくねった小道は、ソ連邦の輝かしい首都に変わった。モスクワには、多くの美しい建物が建てられた。

わが首都には、16、26、32階建の家が建てられた。レーニンの彫像が上にある

新しいモスクワ

ソヴィエト宮殿は、世界でも驚くべき建物の一つである。資本主義の機構は、才能ある国民の墓だ。

少数の人だけが、当時は創作活動や科学の分野に進むことができたのである。このような人が、我が国の偉大な園芸家のイー・べー・ミチユーリンである。彼は多くの種類の新しい果実を栽培した。それらは霜を怖れなかった。ミチユーリンのリンゴは、寒いシベリヤや北極でも花が咲き、実の重さで垂れ下がった。彼の科学的な発見は、ソヴィエト政権によってのみ評価された。

他の才能ある人――ロシヤ航空の祖父――ケー・エー・ツイオルコフスキーは最初の飛行機が空気に浮かぶまで、13年間のプロジェクトを組んだ。彼は金属の飛行船を、ドイツで最初の飛行船が発明されるより数年早く発明した。けれどもこの発明は、ツアーリのロシヤでは評価されなかった。ソヴィエト国家になってツイオルコフスキーの作品は応用されるようになった。

ソヴィエト政権になって、科学者イー・ペー・パブロフの

モスクワの国家宮殿の光景

科学業績が公開された。ソ連を支持するソヴィエト人民が関心を寄せる中、イー・ペー・パブロフは人間の一生について多くの発見をした。

多くの新しい労働者農民出身の学者が育ち、数多くの学校や大学で養育した。ソヴィエトの音楽家や作曲家は、芸術の一流の師匠であった。ソヴィエトピアニスト、バイオリニストが国際コンクールで第一位を受賞した。

学生、生徒の一人一人は、好きなように学習を始められた。全ソ連の者は国語で学ぶことができた。

CCCPほど多くの本が出版され、雑誌が発送される国は世界に他にない。どこの国を捜しても、我が国の図書館のようなところはない。

ＣＣＰにおいては創作品が広く発展した。民族的な才能が芝居、文学、映画で花開いた。党の指導の下、この才能は偉大なプロレタリヤ作家マクシム・ゴーリキー――レーニン、スターリンの個人的な友人でもあったが――を育んだ。我が国で社会主義の建設者として敬われ、ゴーリキーは忘れられない文学作品に、燃えるような頁を重ねていった。全人民と共に、ゴーリキーは、我が国で幸福な人生を打ち立てた。

１９３４年には、第17回ボリシエビキー党大会で民族の指導者、偉大なスターリンは言った。「皆、党の路線は勝利したことを見ている」これすなわちボリシエビキーの党に示された道は正しい道だったということである。

マクシム・ゴーリキー（1868 -1936）

ソ連の、また外国の多くの勤労者はスターリンの「党の路線が勝った」という言葉をくり返し言った。

階級の寄生虫の残党――資本家、富農――は撃滅された。

ソヴィエト国家では、彼らは再び成長することはないであろう。

党は、レーニンの偉大な遺訓を果たした。その指導の下、国民は新しい社会主義構造を作った。国民は愛すべき自分たちの祖国を強化した。社会主義の国にのみ、このような自分の祖国を愛しそのためには生命も惜しまない果敢な人が現れるのである。

けれどもCCCPは、資本家が主役となっている国に囲まれており、スパイや害虫は我が国に侵入して害をもたらす努力をやめない。

労働者及び農民の目は、烱眼《けいがん》でなければならない。全てのソヴィエト国家の住民は国境を守るのに烱眼でなければならない――全て、子供も大人も。

ニコライ・アレクサンドロヴィチ・ブルガーニン

ソヴィエトの軍隊とCCCP《エスエスエスエル》の外国の友人

ソヴィエト同盟は、世界で一つの政府として、強く堅固である。ソ連は自分たちの新しい言葉で言うと、技術と科学で武装した軍隊であり、強い。ソ連は元帥、司令官、英雄的闘士達の名声が高い。

更にまた、全国民が、男女、子供、老人ともに一つになって、心から愛すべき親しい祖国を、

赤の広場でのモスクワの10月パレード

最後の血の一滴まで守るから強いのである。

ソヴィエト同盟は全世界勤労者の社会主義の祖国で、あらゆる進歩した人間の自由と、軍服の偉大な砦であり、あらゆる国の前衛的な労働者はＣＣＣＰに共感を持っており、その成功を祈っている。この国民と前衛的な労働者を支持することは、ＣＣＣＰを更に強大なものとする。

64、新しいＣＣＣＰ《エスエスエスエル》の憲法（１９３６）

我が国はどのようにして作られたか

偉大なプロレタリヤ革命は、労働者農民を鎖につないでいた法律と共に、憎むべきツァーリ君主を撃滅させた。

農民は古いロシヤを廃墟とし、解放された労働者は自分たちの政府を作った。このことは、世界で類を見ない労働者、農民の政府でPC＆CPと名付けられた。

３年間、ソ連は押し寄せる四方向の敵から自身を守った。敵はロシヤと外国の地主と資本家で、それらは市民戦争に対抗して組織された。ソ連は、古いロシヤの被圧迫民から地主と資本家の暴力の軛をとり去って助けた。ソ連は解放された土地に、ソヴィエト政権を作るのを助けた。また彼らはウクライナ、ベロルーシャ、中央アジア、外コーカサスでソヴィエト政権が起こり、強化されるのを助けた。

セミョン・ミハイロヴィチ・ブジョンヌイ（1883 -1973）

これら全てはソヴィエト共和国の共同の力によるもので、全ての敵は決定的に破壊された。解放された人々は、戦争で破壊された経済の復興にとりかかった。

１９２２年、人々は偉大なソヴィエト社会主義共和国連邦同盟をボリシエビキー党の指導の下に創立した。ＣＣＣＰ《エスエスエスエル》には当初４つの同盟共和国が加入し、続いて更に三つの共和国が加わった。世界のどこにもＣＣＣＰのように友情と人民同志がお互いに信頼し合っている国はない。

１９２４年には、ＣＣＣＰ自由民は最初の憲法（国の基本法）を取り上げた。その中では、国が勝ちとった勝利のことを定めている。

その時から多くの時間が過ぎ——工業が作られ大きく成長し、コルホーズ、ソヴホーズが作られ、文化が豊かに実り、地主、資本家、富農の残党は滅され、勤労の搾取者は滅ぼされ、人の抑圧はなくなった。

けれども我が国にはソ連人民の敵、ＣＣＣＰの敵が残っている。すなわちトロッキー、ジノヴィエフ、カーメネフの友人で、彼らにルイコフとヴハーリンが加わってＣＣＣＰの中に殺人者集団害虫のスパイを組織した。このことで彼らは非道にも人民に献身的であったボリシエビキーのセルゲイ・ミロノヴィチ・キーロフを殺した。彼らはまた、偉大な指導的作家マクシム・ゴーリキーを死に至らしめた。彼らは、べー・べー・クイヴシエフやべー・エル・メンジンスキーを殺した。

トロッキー党とルイコフ党は、あらゆる害を及ぼした。工場機械を駄目にし、坑道や鉄橋を爆破し汽関車の転覆をはかった。彼らはソヴホーズを破壊し、我が国の偉大なコルホーズ経済までを破壊しようとした。彼らは富裕なソヴィエト、ウクライナをドイツに与え、極東を日本に与えるよう画策した。

ソ連政府は仮借なく、また時宜にかなったところでソ連の敵を破壊した。ＣＣＣＰの社会主義が勝った。

１９３６年には、イー・ベー・スターリンの指導による委員会で、ＣＣＣＰの新しい憲法が作成された。憲法案は、巾広い審議にゆだねられ、その後でソ連政府の上部機関、全ソヴィエト集会（委員会）で決定された。憲法制定の日、12月5日は全人民の祭日と宣言された。憲法には、大事なソヴィエト国家が19年にわたって勝ち取られたことを記している。

以前の憲法では、わが共和国は社会主義と呼ばれた理由を、政権には労働者クラスが立ち、彼らが社会主義を建設するのに努力したためであるとした。新しい憲法で、わが政府が労働者農民の社会主義政府と呼ばれるのは、ＣＣＣＰの社会主義は基本的にすでに建設されていたからである。

ＣＣＣＰでは、全権力は町や村の勤労者のもので、勤労者代議員評議会にある。土地、その地下資源、製造所、鉱山、工場、鉄道、大邸宅、ソヴィエト経済（ソヴホーズ）は政府の資産で、全人民の財産である。

政府財産と並んで、協同組合コルホーズ財産、各コルホーズの財産――協同組合連合会の財産がある。

憲法では、ＣＣＣＰには家内工業小企業、個人農家の加入が許されているが、このような家内工業または個人の労働は、自身で働いている者たちであり、他の人の労働を搾取してい

ラザリ・モイセーヴィチ・
カガノーヴィチ（1886-1934）

セルゲイ・ミロノヴィチ・キーロフ
（1886-1934）

ないという取り決めの下において許される。

これら全てを我が国は達成したが、それは地主や資本家を倒したからであり、富農を倒し人間が人間により搾取される制度を潰したからである。

ＣＣＣＰでは、全ての人は労働に対して自由であり、働かねばならない。「働かざる者食うべからず」だからである。

ＣＣＣＰは善意の友好的な平等な人民たちの連合である。「この友好は偉大な事業であり、これがある限り、我が国の国民は――スターリンは言う――自由であり敗れることはない」

現在ＣＣＣＰは――16の平等な共和国の連合である。ＣＣＣＰは次の国からできている。

ロシヤ　ソヴィエト連邦　社会主義共和国
ウクライナ　ソヴィエト　社会主義共和国

ベロルースキー　ソヴィエト　社会主義共和国
ウズベキ　ソヴィエト　社会主義共和国
カザフスタン　ソヴィエト　社会主義共和国
グルジヤ　ソヴィエト　社会主義共和国
アゼルバイジャン　ソヴィエト　社会主義共和国
リトワニヤ　ソヴィエト　社会主義共和国
モルダビヤ　ソヴィエト　社会主義共和国
ラトビア　ソヴィエト　社会主義共和国
キルギス　ソヴィエト　社会主義共和国
タジキスタン　ソヴィエト　社会主義共和国
アルメニヤ　ソヴィエト　社会主義共和国
トルクメン　ソヴィエト　社会主義共和国
エストニヤ　ソヴィエト　社会主義共和国
カレリヤ　フィンランド　ソヴィエト　社会主義共和国

ＣＣＣＰの政府権力の最高機関は、ＣＣＣＰ最高評議会である。最高評議会のみが法律を作る権利を持っている。評議会はＣＣＣＰの政府――ＣＣＣＰ評議会閣僚を形成している。

どこででも、勤労者代議員評議会とは権力機関である。地方での全ソヴィエト及び評議会はCCCPの最高評議会のように自治共和国の最高評議会でもあるが、CCCPの市民により普通の平等な直接選挙の無記名投票により選ばれる。CCCPの全市民は男女とも18才になると人種、国籍、信教、学歴、出身、財産状態、過去の経歴に関係なく、議員を選ぶのに参加する権利を有し精神病者、裁判所に権利剥奪の判決を受けた者は除外する権利を有する。

CCCPの最高評議会は、23才以上に達した市民から選ばれる。このような選挙は総選挙と言われる。選挙では、全市民は平等な権利を持つ。あらゆる権力機関で、我が国の市民は議員を個人投票で選び、このような選挙を直接選挙と呼ぶ。選挙は無記名投票とし、各市民は評議会に選んで欲しい人に投票する。

CCCPの市民は働き休息し教育を受け、老年になっても物質的保証を受ける権利を有する。この権利はわが政府により保証されている。社会主義の国では、資本主義の数百万の労働者が苦労しているような失業はない。

我が国だけが、世界で一番短い労働時間を定めている。勤労者には、休息の家とサナトリウムが多く開かれている。毎年CCCPの全労働者と役人には休暇が与えられ、CCCPでは勤労者は十分に教育を受けられ、学ぶことができる。勉強する人の多くに政府は奨学金を与える。CCCPでは各人が生まれた日から年寄りになるまで世話を焼いてもらえる。子供には保育所、幼稚園がある。老人や病人は政府が援助する。CCCPの全市民に言論、印刷、集会、街頭デモの自由が保証されている。

しかし権利の他に、CCCPの各市民は政府に対し義務を負っている。全市民はソ連邦の法律を堅く守り、規則を守り、労働を誠実に行い、社会主義の財産を守り固める義務がある。社会主義の財産をそこなう者は、CCCPの敵となる。

祖国をCCCPのあらゆる全ての敵から守ることは、CCCP市民の崇高なる義務である。もし誰かが敵の側に廻り、敵にCCCPの軍事機密を渡せば――その者は祖国と自分たち人民を裏切った者であり、CCCPの敵として罰せられる。

65、新しいソヴィエトの共和国

西ウクライナがCCCPと合併し西ベロルーシャはБССР《ベーエスエスエル》と合併する。CCCPは平和な生活を確立した。その間、西ヨーロッパでは新しい世界戦争が準備されていた。ドイツでは、ファシストが政権をとった。彼らは、勤労者にとっては、もっとも悪い敵であった。

ファシストの首領ヒットラーは全世界を征服したいと望んだ。ヒットラーは全人類はドイツ人のために働かねばならず、ドイツ人の奴隷となると言った。何よりもまず、彼は全スラヴ人、チェコスロバキヤ人、ポーランド人、白ロシヤ人、ウクライナ人、ロシヤ人他を奴隷に変えたいと願った。

1938年、ドイツは第二次世界大戦を始めた。ドイツはチェコスロバキヤを占領し、一年たってポーランドを攻撃した。用心が足りないポーランド政府は、戦争への準備をおこたっていた。ポーランド軍は、たやすく破られた。ポーランド政府自体は逃亡し、自分の国を敵の勝手にさせるにまかせた。

ポーランド政権の下に、西白ロシヤと西ウクライナの土地があった。恐ろしい敵はそこへ近づいて来た。ウクライナと白ロシヤに禍《わざわい》が迫っていた。

当時、1939年9月17日、ソヴィエト軍が西ウクライナと西白ロシヤに進撃し、その住民を自分たちの保護下に置いた。ファシストの略奪者はとどまり、更には進まなかった。

ウクライナ人と白ロシヤ人は自分たちの救済者――ソヴィエト戦士を喜んで迎えた。わが軍の戦車の道に花がまかれた。西ウクライナ及び西白ロシヤの住民は一つになって、自分たちがソ連邦の構成員になり、ウクライナソヴィエトと白ロシヤソヴィエトと再合併する希望を述べた。このようにして、ソヴィエト人民の友好的家族が充実した。

新しいソ連邦の形成

ドイツ軍に取られたポーランドは、リトワニア、ラトビア、エストニヤなどの近隣の政府の不安を誘った。彼らにも、ファシストの隷属化が迫って来た。これらの国の国民は、ソヴィエト連邦に希望をつないだ。

1940年、彼らは自分たちのソヴィエト政権を宣言し、CCCP《エスエスエスエル》の構成員となることを表明した。

このようにして、更に新しい同盟共和国が形成された。それによりわが祖国の先端国境は、バルチック海岸に接して少しずつ拡げられた。こうしてソヴィエト共和国はますます強固になった。

一時、我が政府はルーマニヤと話し合いに入った。祖国戦争の時にルーマニヤはソヴィエトのベツサラビヤを占領した。ルーマニヤの大地主貴族は、厳しくその人民から搾取した。ベツサラビヤとその隣国ブコヴィナの人民は、自由の闘争をやめなかった。ルーマニヤの牢獄は自由解放への闘士で一杯だった。ソ連政府はルーマニヤにベツサラビヤとブコヴィナの解放を要求し、この土地の問題は平和裡に解決された。ベツサラビヤとブコヴィナは、ソヴィエトのものとなった。ベツサラビヤはモルダビヤ、ソヴィエトに統合された。モルドバCCCPが創設された。

恐ろしい威嚇が、レニングラードに近づいて来た。偉大な都市フィンランドの近くに国境を接していたが、フィンランドではファシストが政権を握っていた。彼らはレニングラードと他の土地を占領しようと目論んで、我が国と戦争を始めた。武装したCCCPは近づきがたいファシスト軍営に穴を開け、フィンランドに破壊的な打撃をもたらした。国境は少しずつレニングラードから拡がった。解放された土地の一部分は、ソヴィエトカレリヤと統合されカレロフィンＣＣＣＰとなった。

このようにして、１９３９年と１９４０年にはソヴィエト同盟は成長し、堅固となり自分たちの西の国境を拡張してますます防御の固い要塞となった。同志スターリンは「われわれは戦争を欲しないが、戦争の扇動者の打撃に対しては答える用意がある」と言った。

66、偉大な祖国戦争

敵の攻撃

その間、世界戦争は拡大していった。ファシストのドイツはノルウェー、デンマーク、オランダ、ベルギー、ユーゴスラビヤ、ギリシャを占領した。ドイツをイタリヤ、ハンガリー、ルーマニヤ、ブルガリヤ、フィンランドが助けた。ドイツに対してフランスとイギリスが戦闘に加わり、後にアメリカ合衆国が加わった。フランスの首脳には裏切り者がたった。彼らは言葉ではファシストと戦ったと言うが、実際は彼らを助けていた。フランス軍は負けドイツ軍はたやすく勝ち全フランスを占領した。多分、全ヨーロッパはヒットラーの政権となっただろう。

ソ連邦は戦争に反対であり、いつも平和のために戦っていた。故にわが政府はドイツと不可侵条約を締結したのである。この条約は、ファシストドイツは我が国に攻撃できないというものだった。だがファシストは自分たちの約束を守らず、彼らは大軍を我が国境に集中し

ＣＣＣＰに攻撃を加えた。これは１９４１年７月22日のことである。何千ものドイツ戦車がわが領土を席巻し、何千ものファシストの飛行機が我が国の平和な都市に爆弾を落とした。我が国に突入し、敵はその血を流した。

攻撃は電撃的であった。ソヴィエト人は平和に働いていた。彼らを軍隊に動員するには時間がかかった。その戦車、飛行機や大砲については、ファシストは多分全ヨーロッパの機動力を利用できたので、我が国のものはドイツ軍より少なかった。このため、我が国の一部は戦闘をやめ、敵は前進しモスクワレニングラードに迫って来た。ヒットラーは高慢にもソヴィエトの軍事力は敗られ数週間のうちに全ソヴィエト同盟は征服されると宣言した。しかし、わが祖国の首長にはスターリン同志が立っていた。彼はソヴィエト国民の力を知り我が国の勝利を信じていた。スターリン同志は過酷な敵と戦っている全員を鼓舞した。

彼は略奪軍を粉砕するため、ソヴィエトの各土地を守るよう全勢力を引き締め、血の最後の一滴まで戦うよう呼びかけた。彼は銃後において軍隊にあらゆる必要品を保障するため、労働を強化するよう呼びかけた。彼は敵に占領された地域で、パルチザン部隊を創設しファシストを攻撃し、撃滅し橋や道を壊し、列車の転覆をはかり、電信電話網を壊し、森や集積物、軍需品を焼いて敵に何も残さないよう呼びかけた。

スターリン同志の呼びかけにより、全ソヴィエト国民は立ち上がった。一人一人は、これは大祖国戦争で、解放と愛する祖国の独立のための戦争であることを理解した。もし勝てば自由になるし、負けるようなことがあればドイツの貴族や伯爵の農奴となることになった。

モスクワとレニングラードの勤労者は、防衛に向けて準備した。多くの老人、娘が武器を取り、義勇兵に加わった。数多くのモスクワ住民やレニングラード人は塹壕や対戦車壕を掘り、堡塁を作り敵の弾薬により燃えていた火を消した。

ソヴィエトの軍隊は、モスクワやレニングラード郊外で英雄的な奇跡を示した。例えばモスクワ週辺では、パンフィローフ将軍の軍団の28人の前衛軍が50台のドイツの戦車に打撃を加えた。彼らは「これ以上退却する場所はない。われわれの後はモスクワだ」と話した。彼らは互角でない戦闘で死んでも震えないし、最後の息まで戦うことを知っており、4時間持ちこたえて戦車を14台破壊した。このような勇気で、全国民は戦った。

1941年の冬の初め、敵の攻撃は阻止されたばかりでなくモスクワより後退した。

ドイツ軍の勢力は依然、十分な余力があった。モスクワレニングラードで敗戦を耐えて1942年の夏、南での攻撃を行った。ファシストは東で爆発した。ソヴィエトの土地を破壊して彼らは肥沃な北コーカサスのステップに侵入し、ボルガに近づきスターリングラードに近づきドン河のボロネージ付近で停まった。

ドイツ軍はモスクワを包囲し、ウラルとシベリヤを切り離したいと思った。危険は大きかった。わが祖国は戦闘のためにあらゆる勢力を結集した。

ソ連邦最高司令官、ヨシフ・ヴィッサリオノヴィチ・スターリン（1878–1953）

敵に占領された地域で

占領されたソヴィエトの土地を、ファシストは荒廃させた。住民から穀物や家畜、いろいろな作物を取り上げた。彼らは図書館、学校、美術館を壊した。高価なものは取り上げ、ドイツに持ち去った。ソヴィエト人はドイツ人のために働くことを強制された。多くの男女や娘たちを彼らはドイツに追いたて、ドイツの地主や富農への強制労働に従事させた。

少しでも反抗すると、ファシストは人を拷問や死刑に処した。町の広場には絞首台が置かれた。

しかしいかなる迫害も、ソヴィエトの人を驚かせることはなかった。略奪者との闘争のために、あらゆるところでパルチザン部隊が創設された。パルチザンはスターリン同志の司令を果たした。彼らはファシストの駐留軍を攻撃し、橋を壊し、汽車の転覆をはかった。敵の手に捕らわれるとパルチザンは苦しい拷問に頑強に耐え、敵が知りたいことを一言も洩らさなかった。そのようにして英雄的にソヴィエトの娘ゾーヤ・コスモジェミヤンカ、リーザ・チャイキナ、ピオネール・サーシヤ、チェカリンその他多くは死んだ。しかしその代わりに、数十万人のファシストがパルチザンにより殲滅された。

ソヴィエトの銃後で

同時にわが祖国は一つの軍事陣営に変わった。男は前戦に行った。女性や老人は銃後で行ったものの役割を代わった。コルホーズは国に穀物製品、工業原料を供出した。労働者は日夜働き、多くの新しい工場を建設した。国はますます多くの戦車、飛行機、大砲、迫撃砲、銃弾を製産した。西の鉄道には間断なく汽車が走っていた。それらは前線にあらゆる必要品を運んだ。我が国の戦車、飛行機、及び大砲はドイツのものより優れたものができるようになった。まもなく量的にも、武器は我が国がファシストを追い越した。

前戦での英雄

ソ連邦の人は献身的に、英雄的に敵に対して戦った。

ガステロ大尉の飛行機は、戦闘で燃え上がった。飛行士はパラシュートで跳び出すことはできたが彼はそうしなかった。ガステロは燃える飛行機を敵のガソリンを積んだ自動車に向け、それらを爆発させた。

勇敢なロシヤの飛行士ズダローヴツエアとハリトーノフは、空中戦で全ての銃弾を消費した。しかし彼らは敵を取り逃がしたくなかったので、自分の飛行機を爆撃機に向けた。体当たりによりドイツの飛行機は撃墜され、わが英雄飛行士は無傷だった。戦士マトローソフは自分の部隊と共に攻撃に出た。ファシストの堡塁から機関銃が撃ち出された。マトローソフはそれに向かって体を投げ、機関銃を自分の体で覆った。機関銃は打つことができず、わが軍は敵の防備態勢を破った。

アゼルバイジャン人、グセインアリーエフは一人で数機のファシストの戦闘機に立ち向かった。17の傷が英雄の体にあったが、彼は敵を破り戦闘の勝利者となった。

カザフスタンの勇敢な闘士、トルンサバーエフは攻撃に向かった、ドイツの砲弾が小隊長を殺してしまい、攻撃が混乱した。その時、トルンサバーエフが前にとび出し「祖国のために」と叫んだ。彼はドイツ軍の上におどり出た。ドイツ軍はあわてふためいたがトルンサバーエフは戦闘が終わった時、落ちついて言った。「私の仕事は小さい――ドイツ軍を撃つことだ。われわれは皆一緒だ――大きな力だ」

このようにして労働者農民は、ソ連邦の全人民は手を結び合って銃後でも前戦でも憎むべき敵との闘争に立ち上がった。

ファシスト略奪者への打撃

１９４２年秋、ドイツ軍はスターリングラード郊外で喰い止められた。毎日彼らは町に何千もの爆弾を落とし、町に向けた重砲で破壊した。町は廃墟に変わったが、降伏しなかった。

ここで同志スターリンは敵に壊滅的な打撃を与えた。

11月に、スターリングラード郊外でソヴィエト軍は攻撃を始めた。指定された時間にソヴィエトの大砲が響きわたり、戦車が前進し攻撃する歩兵が投入された。スターリングラード大戦役が行われた。ドイツの前線は破られ、30万人のファシストの兵士は包囲され、撃滅された。略奪者はボルガドン北コーカサスから追い出された。こうして我が国の土地の解放が始まった。狂暴な敵を追うことは難しかった。敵は狂暴に、ところどころ反撃してきたがクルスク郊外、レニングラード郊外、クリミヤ、白ロシヤ、ベツサラビヤ、バルチック海沿岸での大敗北が続いて滅亡した。

これら全ての戦いで、多くのドイツ軍団の隊列が撃滅されたか、追い出された。凶悪な敵はソヴィエトの土地から立ち去ったが、全てを破壊しようと努めた。退却しながらファシストは、村や町を焼いた。彼らは無数のソヴィエト人民を殺した――子供さえも容赦しなかった。高価なものを全て自分たちで盗み出した。

1944年の夏には、全ソヴィエトの地で占領軍を片づけた。モスクワは喜びの勝利の祝砲がとどろき渡った。

唯一の自由愛好民族

ソ連軍は軍事活動を祖国の国境外に移し、まもなくドイツの同盟国――ルーマニヤ、ブルガリヤ、フィンランド、ハンガリーを撃滅した。我が軍は彼らの土地に入っていった。これら全ての政府は、戦争に負けたことを知っていた。その国民は、自分で政府を追い払いソ連軍と一緒になってファシストドイツ軍と戦争を始めた。ドイツ軍に打撃に次ぐ打撃をもたらし、わが軍はポーランド、ユーゴスラビヤ、チェコスロバキヤを解放した。ファシストにより奴隷となっていた人民は、喜んで自分たちの解放者を迎えた。彼らはソ連邦は良き友人だということに驚き、理解した。

自由を愛する国民全ての友情は日増しに強化された。

イギリスとアメリカ合衆国は3年の戦争の間、ドイツ軍に対して第二の前線の開始を延期した。しかし、ソ連軍が単独で敵を最後まで撃つことができ、ドイツの占領地とフランスを含むヨーロッパを取ることができるとはっきりした時始めて、イギリスとアメリカ合衆国はヨーロッパにおける第二戦線を開いた。

1944年6月、イギリスとアメリカ軍は海を越えてイギリスに渡り、北フランス沿岸を取り囲んだ。

ファシストドイツに対する勝利

1945年1月、ソヴィエト軍はドイツの国境内に入った。ソ同盟大元帥スターリン同志は「傷ついたドイツの猛獣をすぐ追い、それを自分たちで打ちとろう」と呼びかけた。ドイ

ドイツへの勝利の日　モスクワでの挨拶

ツの要塞は破壊され堡塁は滅ぼされた。

ソ連軍はドイツの大軍を囲み、捕虜になり降伏しなければ撃滅するとした。勇敢なソ連軍は猛烈に前進して、彼らの領土を壊滅した。わが軍の勝利の旗が敵の領土に悠々と行進した。

１９４５年４月21日、わが闘士は全てベルリンに到達し、その町はずれで戦闘を開始した。数日のうちにベルリンは全面的に包囲され、５月２日にウクライナの第一軍団とベロルーシャの第一軍団に占領された。ドイツの首都の占領はドイツにとってもっとも強力な打撃で、それに敗北が続き、５月８日ファシストドイツは降伏した（勝利者の慈愛に屈した）。全ソ連国はファシストの獣に勝利の印をつけた。

５月９日ソ連邦政府は勝利の全ソ連国民の祝日として祝った。

このようにしてヒットラーの狂人じみた考え――スラヴ人民を奴隷化すること――は実現するようには運命づけられなかった。永遠のスラヴ国民の存在と独立のための闘争は、ドイツの占領軍に勝利して終わった。

日本の撃滅

極東のドイツの同盟国は、日本であった。日本の侵略者は中国と他の国を隷属化しようとしていた。彼らは続けて我が国を攻撃した。

西だけでなく東でも、我が国の安全を保障し戦争の期間を縮めるため、また、全世界戦争からの早期復興を助けるため、ソ連邦は日本の侵略者に対して戦争に入った。

1945年、日本はソ連軍による壊滅的な打撃を受けて敗北を認め、武器をおさめた。

ソヴィエト人民の功績は大きかった。特にロシヤ人民はソ同盟の中にあって全民族の中で傑出した民族で我が国に勝利を勝ちとった。前線と銃後の努力のお陰でソ連邦人民は偉大な司令官であるスターリン同志が先頭にたって敵を粉砕し、祖国を隷属化から救った。

67、戦後のソ連邦

偉大な祖国戦争の結果、わが祖国はますます強くなり、その影響力、権威は世界中で強化された。我が国の労働者、農民、インテリはますます緊密に共産党の周りに集められた。

ＣＣＣＰ首相　ゲオルギー・
マクシーミリノヴィチ・マレンコフ

ソ連最高会議議長　クレモント・
エフエモーヴィッチ・ボロシーロ

１９５２年10月、モスクワで第19回ソ連邦共和党大会が召集された。大会では１９５１〜１９５５年にわたる新しい５ケ年計画が採択された。この計画では、国の全経済の新しく力強い昂揚が目論まれた。

１９５３年３月５日、ソヴィエト国民全世界の勤労者は、重苦しく二度と戻らない喪失を被った。74才の年令でレーニンの生徒、業績の後継者スターリンは死んだ。イー・ベー・スターリンを頭とする共産党の指導の下に、わが人民は社会主義を建設し大祖国戦争の勝利を獲得し、短い期間に戦争でもたらされた傷を治療した。

全生涯を国民に仕えることに捧げたイー・ベー・スターリンの死は重い喪失であった。イー・ベー・スターリンの輝かしい想い出は、永久に全世界の勤労者の心に残るだろう。

イー・ベー・スターリンの死後、我が国民はもっと緊密に共産党と政府に結びついた。

党政府の首脳には、信頼の厚い経験豊かな同志、レーニン、スターリンの生徒がなった。閣僚議長にはゲオルギー、マクシミリ・アーノヴィッチ、マレンコフが指名された。ソ連邦最高評議会幹部会議長にはクレモント・エフエモーヴィッチ・ボロシーロフが選ばれた。

共産党とソ連政府の指導の下、わが祖国の勤労者は明るい目的に向かって、共産主義に確信を持って進むだろう。

年代別一覧表

911　オレブとギリシャ人との陰謀協定
988　ルーシーにキリスト教が導入される
1147　年代紀に初めてのモスクワの記述
1240　バトゥーのロシヤ候国の征服
1240　アレキサンダーネフスキーがドイツ騎士団に勝つ「氷上の戦い」
1328〜1341　イワン・カリーター——モスクワ最初の候爵となる
1380　クリコボの戦闘
1462〜1505　イワン三世時代　イワン三世、偉大なモスクワ侯爵
1480　蒙古タタールの軛よりロシヤ国の解放
1547　イワン四世がツアーリの称号を得る
1581　エマルクが西シベリヤに遠征
1606〜1607　ボロトニュフの指導で農民とコサックの叛乱
1612　モスクワよりポーランド人の放逐
1648　コサックと農民がウクライナでボグダン・フリメツキーの指導の下でポーランド貴族の圧政に叛乱を起こす
1649　農民の決定的農奴化
1654　ウクライナでロシア人に反抗
1670〜1671　ラージンの指導の下で農民の叛乱
1682〜1725　ピョートル一世のツアーリ就任
1703　ペテルブルグの定礎（今のレニングラード）
1707　ヴラーヴィンの指導の下に農民とコサックの叛乱
1709　ピョートル一世スェーデン軍をポルタワで破る
1721　ピョートル一世にロシヤ帝国皇帝の称号を与える

1773～1775　農民、コサック及びボルガウラル地方の国民が、プガチョフの指導の下に叛乱を起こす
1789　フランスのブルジョア革命が始まる
1801　グルジヤがロシヤに合併
1812　ロシヤ国民とナポレオン一世との戦争
1818～1883　天才的プロレタリヤの指導者カール・マルクスの一生
1820～1895　天才的プロレタリヤの指導者フリードリッヒ・エンゲルスの一生
1825　デカブリストの乱
1848　フランス、ドイツ、及びオーストリヤのブルジョア革命
1853～1856　クリミヤ戦争
1861　対農民の改革
1864　マルクス、エンゲルスの第一回国際インターナショナルの始まり
1870～1924　天才的プロレタリヤの指導者ヴラジーミル・イーリッチ・レーニンの一生
1871　パリのコミューン
1879～1953　天才的プロレタリヤの指導者ヨセフ・ヴィサリオノヴッチ・スターリンの一生
1885　北ホボーズエベのモロゾフの工場での労働者のストライキ
1903　ロシヤ社会主義民主労働党の創設
1905～1907　ロシヤで最初のブルジョア革命起こる
1912　レンスキー鉱山での労働者の銃殺
1912　ロシヤ社会民主労働党ボリシエビズムの創設
1914～1918　第一次世界大戦
1917　２月　ロシヤ第二回ブルジョア革命
1917　10 月　ロシヤの偉大なる 10 月社会主義革命

1917　ロシヤ　ソヴィエト連邦社会主義共和国の創設

1918　赤軍の創設

1918　ウクライナへのドイツ干渉を退ける

1918　ドイツとオーストリヤに革命起こる

1919　共産インターナショナルの創設

1919　コルチャック、デニキン、ユーデニーチャの撃滅

1920　ポーランド、バンヒの戦争、ブランゲリの崩壊

1920　極東で日本軍の干渉を粉砕

1922　ソヴィエト社会主義共和国の創設

1928〜1932　第一次５ケ年計画

1933〜1937　第二次５ケ年計画

1934　C·Mキーロフの非道な虐殺——民衆の敵トロッキーによる

1936　12月５日　ＣＣＣＰの新憲法批准

1939　西ウクライナと西ベロロシヤのソ連軍による解放

1940　CLCPとフィンランドとの平和協定に署名。カレリヤ自治ソヴィエト社会主義共和国カレロフィンランド国に設立

1940　ベツサラビヤと北ブコロビをルーマニヤ貴族の軛から解放。モルダワ社会主義ソヴィエト共和国を作る

1940　リトワニヤ、ラトビア、エストニヤ、ソヴィエト社会主義共和国をＣＣＣＰの一部として取り入れる

1941　６月22日　ドイツファシストのＣＣＣＰへの背信的攻撃

1945　３月２日　ソ連軍によりベルリンの占領

1945　ファシストドイツの敗戦

1945　日本の敗戦

1952　ソ連共産党第19回の集会開かれる

1953〜1955　第５回５ケ年計画

訳者プロフィール

安井祥祐　（やすいしょうすけ）

1934年京都市で生まる。1946年同志社入学、1958年大阪外国語大学（今は大阪大学）ロシア語科卒業、1974年クリヤマ、ブラジル社長、1989年、クリヤマ、アメリカ、カナダ社長、1997年王子ゴム化成（株）社長、2004年退職。若い時から渡航歴多く、人生の殆どを開発輸入に携わり、世界各国を回った。退職後はロシヤ語翻訳に従事し、ロシヤにも8回ほど行く。プーシキン、レールモントフ、ドストエフスキーが専門。若いときは英文学、特にディケンズ、ギッシングなどに熱中。

主な訳書

「マスカラード　仮面舞踏会」

「ピョートル大帝のエチオピア人」（ともに明窓出版刊）

著者プロフィール

A《アー》.B《べー》.シェスタコフ

ソビエトの科学者。教授。エンジニアリング博士。

マスカラード　仮面舞踏会

ミハイル・ユーリエヴィチ・レールモントフ 著

安井祥祐訳

ロシアの貴族文学者、レールモントフの代表戯曲を、満を持しての新翻訳で発刊。名作組曲「仮面舞踏会」(ハチャトゥリアン)の原作として有名である。

19世紀ロシアの華やかな上流社交界を舞台に展開される愛憎劇、そして迎える、息を呑む結末とは。

あらすじ

主人公、アルベーニンは凄腕の賭博師であり、妻・ニーナと静かな生活を送っていた。しかし、偶然に妻をともなって久しぶりに行った賭博場で、全財産を失う寸前の若い公爵と遭遇する。アルベーニンは公爵の代わりに賭博をし、勝利により公爵の失った財産を取り戻す。後日、アルベーニンはニーナとともに仮面舞踏会へ行き、公爵がある男爵未亡人を口説くところを目撃した。一方、ニーナは仮面舞踏会の会場で腕輪をなくしてしまうが、男爵未亡人が拾い、それを自分を口説く公爵にあげてしまった。

公爵は、自分が口説いた女からの贈り物だと腕輪をアルベーニンに自慢するが、アルベーニンにはその腕輪に見覚えがあった。

やがてアルベーニンは妻と公爵は恋仲であるとの疑惑を深め、激しい嫉妬に襲われるのだったが……。

本体1500円

ソヴィエトCCCP《エスエスエスエル》の革命と歴史

A.B.シェスタコフ著

安井祥祐《やすいしょうすけ》 訳

明窓出版

平成二七年四月十五日初刷発行

発行者――麻生 真澄

発行所――明窓出版株式会社

〒一六四―〇〇一二

東京都中野区本町六―二七―一三

電話 (〇三) 三三八〇―八三〇三

FAX (〇三) 三三八〇―六四二四

振替 〇〇一六〇―一―一九二七六六

印刷所――シナノ印刷株式会社

ISBN978-4-89634-352-6

ホームページ http://meisou.com

ピョートル大帝のエチオピア人

アレキサンダー・プーシキン 著　安井祥祐訳

皇帝は多くの仕事を抱えながらも、寵臣イヴラーヒンの動向に常に気を配り、彼の成長ぶりやその行動についてお世辞まじりの説明を受けていた。ピョートルはそれに満足して喜び、ロシアに帰ってくるようにすすめた。

（中略）あらゆる歴史的伝承を検証しても、その時代のフランスは、軽薄で、愚劣で、贅沢さでは他の時代とは較べようもなかった。

ルイ十四世の治世は敬虔で、重厚で、宮廷の行儀作法が行き届いていたのに、そんな形跡は何一つ残っていなかった。


この作品は未完ながらも欧米ではよく知られ、翻訳もたくさん出ている。日本語での表題でもっともポピュラーなものは「ピョートル大帝の黒奴」であるが、黒奴はニグロの響きがあり、小生の滞在したアメリカでは軽蔑語である。日本のような単一民族の国では、これでもかまわないだろうがあえて意識した。エチオピア人は古代のアビシニヤ人で、これも古代エジプト文明とも深いかかわりをもっている高貴な民族。また、イヴラーヒン（ハンニバル）も王族の一人だということが分かっている。（本文から）

本体1200円

神話世界の女性群像
～現代の視点から古典を読む

ルチャーノ・デ・クレシェンツォ著　谷口 伊兵衛訳

イタリアで最も著名な大作家の女性美論！　ギリシャ神話、他に測鉛し、幾多の古典的な恋愛ペアを範例にして、性の歴史等を追求する。読みものとしてもとても楽しめるイタリア文学の最高峰。

イタリアのベストセラー作家L・デ・クレシェンツォには、人事万般で無縁なものはない。本書では女性美を追究しているが、劇的な性の歴史へのクレシェンツォの概観は機知に富み、刺激的であり、往々にして挑発的にもなっている。
古典を現代の支店から考察しようとする野心作であり、パルマ・ドーロ賞（1999年度）にも輝いた。

第Ⅰ章　女は違う／ソクラテス／アインシュタイン／第Ⅱ章　女は男よりも美しい／第Ⅲ章　セックス／第Ⅳ章　愛／第Ⅴ章　レスビアンの愛／第Ⅵ章　売　春／第Ⅶ章　卑猥な言葉／第Ⅷ章　女性哲学者たち／第Ⅸ章　歴史の中の女性たち

本体1800円

光のラブソング

メアリー・スパローダンサー著／藤田なほみ訳

現実《ここ》と夢《向こう》はすでに別世界ではない。

インディアンや「存在」との奇跡的遭遇、そして、9.11事件にも関わるアセンションへのカギとは？

●疑い深い人であれば、「この人はウソを書いている」と思うかもしれません。フィクション、もしくは幻覚を文章にしたと考えるのが一般的なのかもしれませんが、この本は著者にとってはまぎれもない真実を書いているようだ、と思いました。
人にはそれぞれ違った学びがあるので、著者と同じような神秘体験ができる人はそうはいないかと思います。その体験は冒険のようであり、サスペンスのようであり、ファンタジーのようでもあり、読む人をグイグイと引き込んでくれます。特に気に入った個所は、宇宙には、愛と美と慈悲があるだけ、と著者が言っている部分や、著者が本来の「祈り」の境地に入ったときの感覚などです。（にんげんクラブHP書評より抜粋）

●「ラブ・ソング」はそのパワーと詩のような語り口、地球とその生きとし生けるもの全てを癒すための青写真で読者を驚かせるでしょう。生命、愛、そして精神的理解に興味がある人にとって、これは是非読むべき本です。（ルイーズ・ライト：教育学博士、ニューエイジ・ジャーナルの元編集主幹）

本体2200円

エデンの神々

陰謀論を超えた、神話・歴史のダークサイド

ウイリアム　ブラムリー著　南山 宏訳

歴史の闇の部分を、肝をつぶすようなジェットコースターで突っ走る。ふと、聖書に興味を持ったごく常識的なアメリカの弁護士が知らず知らず連れて行かれた驚天動地の世界。
本書の著者であり、研究家でもあるウイリアム・ブラムリーは、人類の戦争の歴史を研究しながら、地球外の第三者の巧みな操作と考えられる大量の証拠を集めていました。「いさぎよく認めるが、調査を始めた時点の私には、結果として見出しそうな真実に対する予断があった。人類の暴力の歴史における第三者のさまざまな影響に共通するのは、利得が動機にちがいないと思っていたのだ。ところが、私がたどり着いたのは、意外にも……」

（本文中の数々のキーワード）シュメール、エンキ、古代メソポタミア文明、アブダクション、スネーク教団、ミステリースクール、シナイ山、マキアヴェリ的手法、フリーメーソン、メルキゼデク、アーリアニズム、ヴェーダ文献、ヒンドゥー転生信仰、マヴェリック宗教、サーンキヤの教義、黙示録、予言者ゾロアスター、エドガー・ケーシー、ベツレヘムの星、エッセネ派、ムハンマド、天使ガブリエル、ホスピタル騎士団とテンプル騎士団、アサシン派、マインドコントロール、マヤ文化、ポポル・ブフ、イルミナティと薔薇十字団、イングランド銀行、キング・ラット、怪人サンジェルマン伯爵、Ｉ　ＡＭ運動、ロートシルト、アジャン・プロヴォカテール、ＫＧＢ、ビルダーバーグ、エゼキエル、ＩＭＦ、ジョン・Ｆ・ケネディ、意識ユニット／他多数